大家小书

道教徒的诗人李白及其痛苦

李长之 著

北京出版集团公司
北京出版社

图书在版编目（CIP）数据

道教徒的诗人李白及其痛苦 / 李长之著. — 北京：北京出版社，2018.6（2024.7重印）
（大家小书）
ISBN 978-7-200-13883-2

Ⅰ. ①道… Ⅱ. ①李… Ⅲ. ①李白（701-762）—人物研究 Ⅳ. ①K825.6

中国版本图书馆 CIP 数据核字(2018)第 025965 号

总 策 划　安　东　高立志
责任编辑　高立志　邓雪梅

·大家小书·

道教徒的诗人李白及其痛苦

DAOJIAOTU DE SHIREN LI BAI JI QI TONGKU

李长之　著

*

北京出版集团公司
北　京　出　版　社　出版
（北京北三环中路6号　邮政编码：100120）

网　址：www.bph.com.cn
北京出版集团公司总发行
新华书店经销
北京华联印刷有限公司印刷

*

880毫米×1230毫米　32开本　5.625印张　94千字
2018年6月第1版　2024年7月第6次印刷

ISBN 978-7-200-13883-2

定价：45.00元

如有印装质量问题，由本社负责调换
质量监督电话：010-58572393

总　序

袁行霈

“大家小书”，是一个很俏皮的名称。此所谓“大家”，包括两方面的含义：一、书的作者是大家；二、书是写给大家看的，是大家的读物。所谓“小书”者，只是就其篇幅而言，篇幅显得小一些罢了。若论学术性则不但不轻，有些倒是相当重。其实，篇幅大小也是相对的，一部书十万字，在今天的印刷条件下，似乎算小书，若在老子、孔子的时代，又何尝就小呢？

编辑这套丛书，有一个用意就是节省读者的时间，让读者在较短的时间内获得较多的知识。在信息爆炸的时代，人们要学的东西太多了。补习，遂成为经常的需要。如果不善于补习，东抓一把，西抓一把，今天补这，明天补那，效果未必很好。如果把读书当成吃补药，还会失去读书时应有的那份从容和快乐。这套丛书每本的篇幅都小，读者即使细细地阅读慢慢地体味，也花不了多少时间，可以充分享受读书的乐趣。如果把它们当成补药来吃也行，剂量小，吃起来方便，消化起来也容易。

我们还有一个用意，就是想做一点文化积累的工作。把那些经过时间考验的、读者认同的著作，搜集到一起印刷出版，使之不至于泯没。有些书曾经畅销一时，但现在已经不容易得到；有些书当时或许没有引起很多人注意，但时间证明它们价值不菲。这两类书都需要挖掘出来，让它们重现光芒。科技类的图书偏重实用，一过时就不会有太多读者了，除了研究科技史的人还要用到之外。人文科学则不然，有许多书是常读常新的。然而，这套丛书也不都是旧书的重版，我们也想请一些著名的学者新写一些学术性和普及性兼备的小书，以满足读者日益增长的需求。

“大家小书”的开本不大，读者可以揣进衣兜里，随时随地掏出来读上几页。在路边等人的时候，在排队买戏票的时候，在车上、在公园里，都可以读。这样的读者多了，会为社会增添一些文化的色彩和学习的气氛，岂不是一件好事吗？

“大家小书”出版在即，出版社同志命我撰序说明原委。既然这套丛书标示书之小，序言当然也应以短小为宜。该说的都说了，就此搁笔吧。

李白研究中的常青树

——谈李长之的《道教徒的诗人李白及其痛苦》

于天池　李　书

长之先生的《道教徒的诗人李白及其痛苦》于1940年8月由长沙商务印书馆出版，距今已经过去了78年。在这期间，尽管研究李白的专著层出不穷，迄今已有数十种之多，而且，长之先生本人在二十世纪的五十年代应三联出版社之邀，还重写了一本《李白》的小册子，但是，纵观整个二十世纪的研究李白的学术出版史，仅有六万余字的《道教徒的诗人李白及其痛苦》始终独占鳌头，高踞榜首，一版再版，直到现在仍然是研究李白诗歌必读参考书的首选。

一部学术著作经过长时间的删汰仍傲然卓立，一定有过人之处。那么，长之先生的《道教徒的诗人李白及其痛苦》过人之处在什么地方呢?

首先是它站在了当时学术的前沿，其研究李白的角度、方法使人耳目一新。

李长之写作《道教徒的诗人李白及其痛苦》的时候刚刚从清华大学毕业不久，[1]他不仅受到德国古典哲学和美学的熏陶，而且非常迅速地吸收了尼采、弗洛伊德等德国现代哲学家的营养，并用这些新理论来研究中国的文化巨人。他强调要“深入到诗人世界中的吟味”，实际上就是对于研究对象进行人格精神的分析，不仅研究诗人写什么，怎样写，而且进一步探究诗人为什么要这么写。

表面上看，李长之“从道家的特征推阐李白的为人与创作特点”似乎并没有超出传统批评，但实际上他在李白的研究上展开了一个全新视野，他是以人的“生命流露”来研究李白的。他一则说：“说真的，他的人生和我们一般人的人生并没有太大的悬殊，他有悲，我们也有悲，他有喜，我们也有喜，并且他所悲的，所喜的，也就正是我们所悲的、所喜的。然而，然而有一个不同，这就是他比我们喜、喜的厉害，悲、悲的厉害，于是我们就不能不在他那里得到一种扩展和解放

---

① 《道教徒的诗人李白及其痛苦》出版于1940年8月，但实际动笔是在1936年底或1937年初。《李白的文艺造诣与谢朓》发表于1937年4月26日《北平晨报》。《李太白导论》（相当于《道教徒的诗人李白及其痛苦》之《导论》而略有不同），分两期发表于1937年5月31日、6月7日《北平晨报》。《李白：寂寞的人》（相当于《道教徒的诗人李白及其痛苦》之《李白：寂寞的超人》）发表于1939年2月《再生》。1939年11月19日写此书的序言。

了，而这种扩展和解放却又是在我们心灵的深处，于种种压迫之余，所时时刻刻的在期待着，在寻求着的。”“我们知道一般的疯子、狂人的价值，就更该知道一般的艺术作品的价值，就尤其该知道诗人李白的价值了。”再则说：“就根本处说，李白不能算矛盾，他有丰盛的生命力，他要执着于一切。但是就表现上说，就不能不算矛盾了，因为他要求得急切，便幻灭得迅速，结果我们看见他非常热衷，却又非常冷淡了。一会儿是‘人生得意须尽欢’，一会儿是‘人生在世不称意’，一会儿他以孔子自负：‘我志在删述’；一会儿他又最瞧不起孔子：‘凤歌笑孔丘’，矛盾多么大！”最后他说：“总之，他是太人间了，他的痛苦也便是人间的永久的痛苦！这痛苦是根深于生命力之中，为任何人所不能放过的。不过常人没有李白痛苦那样深，又因为李白也时时在和这种痛苦相抵抗之故（自然，李白是失败了的牺牲者），所以那常人的痛苦没到李白那样深的，却可以从李白某些抵抗的阶段中得到一点一滴的慰藉了！这就是一般人之喜欢李白处，虽然不一定意识到。”

李长之常说：“我们比以前人占便宜处，是我们懂得了体系化。”[1]在《道教徒的诗人李白及其痛苦》中，他处处

① 李长之《司马迁之人格与风格》“自序”，生活·读书·新知三联书店，1984年出版。

用“生命和生活”解读李白的行事和作品。他认为李白信仰道教的原因是“李白的本质是生命和生活，所以他之接收道教思想是当然的了，生活上的满足是功名富贵，因此李白走入游侠，生命上的满足只有长生不老，因此李白走入神仙。”他解释李白诗歌题材何以雄大壮阔的原因是“因李白生命力充溢之故，他所取材的歌咏对象多半是雄大壮阔的：‘浙江八月何如此，涛似连山喷雪来’（《横江词》），‘墨池飞出北溟鱼，笔端杀尽中山兔’（《草书歌行》），‘日出东方隅，似从地底来……吾将囊括大块，浩然与溟涬同科’（《日出入行》），这种局势，可以说在中国四千年来的诗坛上少有第二人”。对于李白诗歌中的豪气和清真风格的形成，他同样认为是生命力充溢的缘故，他说“不错，清真是李白对于诗所要求的一个标准；不错，李白以这个标准而选择了谢朓。但李白自己的诗，却绝不以清真尽之。李白诗的特色，还是在他的豪气，‘黄河之水天上来’，这是再好也没有的对于他的诗的写照了。……说到根本处，我们还得归到老话，所有这一切，只是由于生命力充溢之故，而这生命力，又经过道教的精神洗礼之故。因此，他毫无尘土气，他一空依傍；在那精神的深处，光芒四射而出，万物经这光芒的照耀，跑到了他的笔端的，也便都有着剔透玲珑的空灵清新之感了”。

在李长之看来，李白诗歌修辞上的特点也源于李白旺盛的生命力。他指出李白诗里满满的“愁杀、笑杀、狂杀、醉杀、恼杀，这些极度的夸张的字眼，在别人是不常用的，这在一方面看，容易认为是像李白的一种口头禅似的了，在不经意之中，就总是这样夸大惯了罢了，然而另一方面看，却可以见出有他的性格所以使之然者在，正因为他内心里的要求是往往强烈的，所以他即使在不经意的时候也就如此流露而出了”。他又认为李白的“诗里常有‘忽然’的字样”“忽然的情调”，而这“正是代表他精神上潜藏的力量之大，这如同地下的火山似的，便随时可以喷出熔浆来。在某种意义上说，这种情形，正是为‘灵感’一词下了一个具体的注解。‘灵感’不是由外而来的，却是自内而生的，只是似乎不能自己加以操纵似的，要来，却是不期而来，所以用‘忽然’二字去描写那情景，便是再好也没有了。李白‘忽然’的情调特多，换言之，也就是他写诗的材料——灵感——的莅临也最频繁。诗有作的，有写的，作的勉强，写的自然。大家只知道李白的诗那么自然，冲口而出，真似乎妙手天成，却不知道这有一种根本的关系在，这就是他那充溢的生命力使然了。”

不能说李长之这种用“生命流露”的诠释全都正确，一无瑕滓，也不能说这种诠释前人就一点也没有触及，而且有时它难以避免简率的诟病，但这种全新研究的视界无疑具有二十世纪的气息，像乍起的清新空气，吹拂了当时的李白研究学界。

文学界评论李白，向来有李杜对照的传统，“唐世李杜并称，未尝有所轩轾。惟元微之作李杜优劣之论，独重子美，于是后之人以为谈柄，不免于左右袒。至于今，论诗者言李，则必曰李杜，而后知为太白，若言杜，则不必连及李，而无不知为子美者”[①]，二十世纪初研究李白的专著也大都沿着这一路数，比如1927年由商务印书馆出版的傅东华的《李白与杜甫》，1933年汪静之的《李杜研究》等，而且“即使其他几种仅标题为李白研究的著作，也把很多篇幅放在二人的比较研究上”[②]。李长之突破了这一模式，由于他所写的《道教徒的诗人李白及其痛苦》原是“要合并起来写的关于中国五个大诗人（屈原、陶潜、李白、杜甫、李商隐）的一部大书的一部分，所以这小书中也时时以他们五个人作为对照”：

> 倘若说在屈原的诗里是表现着为理想（ldeal）而奋斗的，在陶潜的诗里是表现着为自由（Freiheit）而奋斗的，在杜

① 玄修《说李》，《同声》杂志1941年第一卷第九期、第11期。

② 周勋初《李白研究百年回眸》，《二十世纪中国学术文存㊃李白研究》，湖北教育出版社，2003年。

甫的诗里是表现着为人性（Menschlichkeit）而奋斗的，在李商隐的诗里是表现着为爱（Liebe）、为美（Schonheit）而奋斗的，那么，在李白的诗里，却也有同样表现着的奋斗的对象了，这就是生命和生活（Leben）。

儒教色彩曾经笼罩了陶潜，曾经遮掩了杜甫，但是却把李白几乎整个漏掉了。

不过我们不能因此就断言李白比杜甫浅薄，这因为他们的精神形式实在不同故。在杜甫，深而广，所以能包容一切；在李白，浓而烈，所以能超越所有，他们都达到极致了，同是文艺的极峰，同是人类的光辉！静夜有静夜的美，白昼有白昼的美，在孔子和屈原，我们不能轩轾于其间了，在杜甫与李白，我们也不能有所抑扬。

从前人说陶潜诗篇篇有酒，其实李白或者更可以当得起这句话的。而且我觉得像李白在这里所说的“醉后失天地，兀然就孤枕”“酒倾愁不来”“酒酣心自开”，这种非饮酒的人不能有的体会，就是陶潜却也还没写过。

我们在这机会，又不妨拿李义山和李白作一个比较了，他们同是情感上极其发达的人物，但是李义山的力量永远向里边缩，永远像蚕一样，作茧自缚，真是“春蚕到死丝方尽”似的。李白却不然，他的力量永远往外面施放，所以一不如意，他就要毁灭一切了！同是不如意，在李义山只有悲哀，但是在李白却是加上烦躁，因为李白为那要求一切的生命力所激扰故。

可是相反的，李白却不善于写常情，他的许多寄内诗，都不佳。李白对于色情的观念，有时竟是鄙视的，例如他说：“陈王徒作赋，神女岂同归。好色伤大雅，多如世所讥”（《感兴》）；在这些地方，他和李商隐实在相反，李商隐对于爱情的观念是灵的，这不必说了；李商隐写到夫妇的情感处，则甚精彩；李商隐对于性爱，也从来不鄙视。

李白的痛苦又是没法解决的痛苦，这因为李白对于现世在骨子里是绝对肯定的。他不能像陶潜一样，否定一切，倘若否定一切，便可以归到“达观”了；他也不能像屈原的幻灭只是现世里理想的幻灭，但屈原却仍有一个理想没有幻灭，这就是他的理想人物彭咸，而且他也果如所愿的追求到了。李白却不然，他没有理想，名，他看透了，不要；他要的只有富贵，可是富贵很容易证明不可靠；那么，他要神仙，便是神仙也还是恍惚。那么，怎么办呢？没法办！在这点上，他之需要酒，较陶潜尤为急切，那么就只有酒了，也就是只有勾销一切了。

无疑，这种多维度的比较对于我们深入了解李白的性情人格和他的诗作艺术特点非常有益处。假如我们把李杜两人的比较比作黑白反差的照片的话，那么将李白、屈原、陶潜、杜甫、李商隐五个诗人加以比较，那照片的色度和像素显然就丰富多了，宛如彩照，把李白活泼泼的影子在我们面前展现得更清晰。当然，以五个诗人相互参照不是一件容易的事情，需要敏锐的眼光、丰富的学识、融会贯通的笔力，这对于二十多岁，刚从清华大学毕业的李长之而言是一个极大的挑战，但我们看到，李长之是多么举重若轻地接受了这个挑战而应对裕如啊。

一部学术著作能够传之后世，当然一定要在理论和方法上抢占制高点，在当时就造成轰动效应，得到学术界的认可。但是，仅凭这点是不够的，因为那仅具备了学术史的资格，随着理论和方法的普及，随着更多的学术著作的涌现，日月递嬗，春秋代序，它会渐渐淡出人们的视野，乃至被现实的人们所遗忘。一部学术著作要能够传之后世，它还必须在表述上具有独立鲜明的风格，具有文学艺术性，具有文学上的绝对的价值。这在文史哲方面的学术著作中尤其是这样。

李长之向来视论文的写作如同创作的，他说：“我写论文，有一个特点，就是视若创作。我一定等待灵感来时，好象一气可以把握整个文字的面貌——内容和形式——了时，才激动着写下来。”“写论文要像写创作，这是我的第一个要求。其次是，我把风格看得很重。所谓风格，就是这一篇东西，放在别人的作品中，可以立刻令人辨认出来。风格有消极积极两意义。消极是，它不同于流俗，积极是，它要显示它自己。风格要纯，要一贯。风格就是个性”（《关于写散文》见《梦雨集》1945年商务印书馆出版）。

《道教徒的诗人李白及其痛苦》可以说很好地做到了这一点，可以看作是李长之这一观点的注脚。

据说《道教徒的诗人李白及其痛苦》的创作缘起是这样的：在1936年底的时候，张荫麟想编一本中国通史，他希望约请李长之写杜甫的一章。李长之问他为什么不写李白，他说李白是浪漫派，不能写。李长之为了对抗他的观点，于是写了《道教徒的诗人李白及其痛苦》一书。因此，《道教徒的诗人李白及其痛苦》各章节陆续发表虽然延宕了三四年之久，但实际上是在1937年的一个较短的时间内一气呵成的。在其中，涌动着李长之对于诗人李白的热爱和冲动，涌动着他那浓烈的情感，因为在李长之内心的深处，他毋宁在李白和杜甫的轩轾中是更热爱李白的[①]。

一般人知道李长之是学者，是浪漫派批评家，却很少有人知道他还是一个浪漫诗人。《道教徒的诗人李白及其痛苦》不仅表现的是一个批评家锐利的透视，也是诗人深入到另一个“诗人世界中的吟味”。《道教徒的诗人李白及其痛苦》语言流畅、飘逸，像散文诗一样具有抒情色彩，像“他这方面的感情实在太浓烈了，‘因君此中去，不觉泪如泉’，可知他平日的挂念为何如了，这还不过和他的爱子们才别了一年而已！至于‘君行既识伯禽子，应驾小车骑白羊’‘小儿名伯禽，与姊亦齐肩，双行桃树下，抚背谁复怜’，这便都是在别了他的爱子们三年以后写的了，那印象更多么具体，字句更多么给人刺激！没得到过家庭的温暖的诗人，但并没因此令他对于子女的慈爱有所欠缺。在一般目李白为狂人，为不近于人情的人，

① 比如，在李长之的一生中，除去写有研究李白的单篇论文外，他还写有两本关于李白的专著，一本是《道教徒的诗人李白及其痛苦》，一本是《李白》，但对于杜甫，他没有专门的论著发表。

在这里要反省的罢，漂泊的李白，没有家的李白，狂歌度日的李白，他却是有着一颗多么与通常人逼近的，相通的心！”简直是在代李白抒情了。有时这种叙述在音韵、节奏上直造成一种低回咏叹的味道：“我们总括了看，李白的痛苦是一种超人的痛苦，因为要特别，要优待，结果便没有群，没有人，只有寂寞的哀感而已了；李白的痛苦也是一种永久的痛苦，因为他要求的是现世，而现实绝不会让人牢牢地把握，这种痛苦是任何时代所不能脱却的，这种痛苦乃是应当先李白而存在，后李白而不灭的，正是李白所谓‘与尔同销万古愁’，这愁是万古无已的了；同时李白的痛苦又是没法解决的痛苦，这因为李白对于现世在骨子里是绝对肯定的”。李长之在本书的前言中慨叹“外国很好的批评文字。那么亲切，有时像家常。——自然，在家常中，总有锐利的透视，耐人寻味的风趣”。他说“难道不能同样写中国的诗人吗？”我们看到，在《道教徒的诗人李白及其痛苦》中，李长之显而易见在追求这种叙述的意境，而其追求是多么贴近成功了啊。

作为小册子，《道教徒的诗人李白及其痛苦》在结构上非常完整，它以“生命和生活”为介入点，以李白的道家特征为推阐中心，以李白充溢的生命力和浪漫的热情为贯穿红线，旁涉李白的政治、思想、性情、文学的各个方面，勾画出诗人李白活泼泼的影子。文学艺术作品的首要特征是完整紧凑，《道教徒的诗人李白及其痛苦》有导论，有结语，各章节间首尾衔接，勾连贯穿，所引李白诗歌不仅是论据，而且与李长之的论述水乳交融，融为一体。尤为难得的是连语言风格也连成一片，不辨崖涘。对此，李长之非常自负，他说："现在我请求读者的是，假若你根本不看这本书，我当然没有话说。如果你看，我希望顺次序看，而且不要跳着看，小地方也要看，引的诗更要看。为什么呢？因为本书是一篇整个的有机的长文故。小地方，也关连着整个的意义。施本格勒（Oswald Spengler）不是从这些小地方看文化的形态学么？我们何尝不可以从小地方看诗人生命流露？其次，假如你有兴致，我又愿意你一次看下去。"试问，阅读这样的学术著作你还能不深深地感动吗？

既有学术著作锐利的透视，又有散文诗样耐人寻味的气韵，是《道教徒的诗人李白及其痛苦》在李白研究领域成为常青树的原因，也是李长之众多学术专著仍然活跃至今的原因，当然，这也是古今中外著名的学术专著成功的共同秘诀。

目录

怀李太白

——为本书渝版题

周遭，原始生命力的稀薄呀！
上下，沙漠的压迫！
叫我如何不怀李太白？

真正能够大笑的人在哪里呢？
“仰天大笑出门去”，
那是李太白！

真正有大苦恼的人在哪里呢？
“人生在世不称意，
明朝散发弄扁舟”，
那是李太白！

除非李太白！

觉醒的广大的人群呀！

觉醒的深厚的民族呀！

觉醒的，独立的，活活的生物！——人呀！

快些要求“原始的生命力”归来！

不安定的灵魂呀，

“我且为君捶碎黄鹤楼，

君亦为我倒却鹦鹉洲”，

原始生命力的奔溢呀，

我思李太白！

“我本不弃世，

世人自弃我”，

有谁这样深深的

（如尼采所说，比深夜更深的）

因为爱世人而换来的哀感的呢？

快些要求“原始的生命力”归来！

不知道爱李太白的人，

应该快快死掉吧，
因为他的生命早已枯槁。

二十九年八月三十日作

序

在我的心目中，李白是有一个活泼泼的清楚的影子在那里的。把这一个活泼泼的影子写下来，就是这本小书。

这原是我要合并起来写的关于中国五个大诗人（屈原、陶潜、李白、杜甫、李商隐）的一部大书的一部分，所以这小书中也时时以他们五个人作为对照。——屈原、陶潜、杜甫、李商隐，是同样在我心目中有着活泼泼的清楚的影子的；我也一定把他们像写李白这样写下来。

现在我请求读者的是，假若你根本不看这本书，我当然没有话说，如果你看，我希望顺次序看，而且不要跳着看，小地方也要看，引的诗更要看。为什么呢？因为本书是一篇整个的有机的长文故。小地方，也关连着整个的意义。施贲格勒[①]（Oswald Spengler）不是从些小地方看文化的形态学么？

① 现通译为“施本格勒”。——编者注

我们何尝不可从小地方看诗人的生命流露？其次，假若你有兴致，我又愿意你一次看下去。

在我新近又重自校正了一遍之后，我很爱这本小书了，你可以看出这是一句心里的话。我之爱，是因为其中有着活泼泼的清楚的李白！我仿佛给李白拍了一个照似的，我觉得相当真，所以我情不自禁地有点沾沾自喜。

我们常读到外国很好的批评文学，那么亲切，有时像家常。——自然，在家常之中，总有锐利的透视，耐人寻味的风趣。难道不能同样写中国诗人吗？为什么一写起来，就总老气横秋呢？这是我不解的。考证，我不反对，考证是了解的基础。可是我不赞成因考证而把一个大诗人的生命活活地分割于饾饤之中，像馒头馅儿。与考证同样重要的，我想更或者是同情，就是深入于诗人世界中的吟味。这些话，我不敢说我做到，可是我是这样希望，这样想法。

书中引诗以缪本为主，有时参以王琦辑注本。

谢谢徐仲年教授，他对这本书有着兴致，又由他得以出版！

二十八年十一月十九日，渝州

第一章　导　论

越乎人与兽之上，我生长；
我要说，——可是没人说给我。

我长，我长得寂寞了，我长这么高——
我等待，——可是我什么也等待不着。

是这么近了，我离云端——
我静候着那第一次的雷，闪！

——尼采：《大树之语》

秋来相顾尚飘蓬，未就丹砂愧葛洪。
痛饮狂歌空度日，飞扬跋扈为谁雄！

——杜甫：《赠李白》

一　疯狂，梦境，和艺术世界的相通与相异

我有许多时候想到李白。当我一苦闷了，当我一觉得四周围的空气太窒塞了，当我觉得处处不得伸展，焦灼与渺茫，悲愤与惶惑，向我杂然并投地袭击起来了，我就尤其想到李白了。

游过泰山的人一定可以明白，一见那像牛马样大的石子，就觉得不知道痛快了多少，解放了多少。诗人李白的作品对我们何尝不是这样？说真的，他的人生和我们一般人的人生并没有太大的悬殊。他有悲，我们也有悲；他有喜，我们也有喜，并且他所悲的，所喜的，也就正是我们所悲的，所喜的。然而，然而有一个不同，这就是他比我们喜，喜的厉害，悲，悲的厉害，于是我们就不能不在他那里得到一种扩展和解放了。而这种扩展和解放却又是在我们心灵的深处，于种种压迫之余，所时时刻刻的在期待着，在寻求着的。

像李白这样的诗人，早就有人说是疯子，或狂人了，我也不反对这句话。不但我，就是李白自己也不反对。你看他说："我本楚狂人，凤歌笑孔丘"，这是他自己承认的；还有，在他作过"捶碎黄鹤楼"的句子之后，因为有人讥讽他，

他便又有诗道："黄鹤高楼已捶碎，黄鹤仙人无所依。黄鹤上天诉玉帝，却放黄鹤仙人归。神明太守再雕饰，新图粉壁还芳菲。一州笑我为狂客，少年往往来相讥。"看他一写到"一州笑我为狂客"的时候，多么得意，多么眉飞色舞，就因为这在他是最过瘾的事呵！不过，疯子和狂人有没有价值呢？这在普通人偶尔一想，好像是没有的。其实，太不然了，我敢说任何人需要着疯子、狂人。我只揭穿一句话就够了，就是，疯子和狂人的要求是人人所有的要求，不过不肯说出来、不敢说出来，天天压抑着、委屈着罢了。却逢巧有人能替我们冲口说出来了，难道这不是人类的功臣吗？倘若更进一步，不但能替我们说出来，而且拣了那最要紧、最根本、最普遍的给道出来，而且再进一步，乃是把这最要紧、最根本、最普遍的要求，置之于最美妙的艺术形式之中，那么，怎么样呢？这只能说是功臣之功臣了！我们的大诗人李白，却正恰恰是其中之一，而且属于最煊赫的之一！

我们知道一般的疯子、狂人的价值，就更该知道一般的艺术作品的价值，就尤其该知道诗人李白的价值了。

我们在通常生活里，被压抑、被幽闭的已经太多。我们的生命力，我们的生命上之根本的机能和要求，本来要像汩汩的泉水似的，便也终不能一涌而出，却是日渐减削地为我们的理智、知识、机械生活、人事周旋所毫无价值地雕琢殆尽了。可有一个地方能够为我们稍为慰藉的吗？也许有。这就是梦境了，在梦境里，我们或者可以有真情的笑，或者可以有感激的哭。——在那一刹那，那算是活的自我！

疯子、狂人，有价值；梦也有价值。不过疯子和狂人，那表现是粗糙的，是没有分别、没有轻重、没有选择的。梦的表现又是支离的、破碎的、偶然的，太飘忽而不能把握的，况且最苦的尤其在它是不能客观化，成为第二人同样可以用作解救的凭藉的。然而满足了这所有缺憾的，却有伟大的艺术品；担承了这种工作的，便是伟大的艺术家。

二　李白的本质：生命和生活

我说李白的价值是在给人以解放，这是因为他所爱、所憎、所求、所弃、所喜、所愁，皆趋于极端故。

你打开他的诗集吧，满满的是：

> 荷花娇欲语，愁杀荡舟人！
>
> ——《渌水曲》

溧阳酒楼三月春，杨花茫茫愁杀人！

——《猛虎行》

白浪如山那可渡，狂风愁杀峭帆人！

——《横江词》

五色粉图安足珍，真山可以全吾身。

若待功成拂衣去，武陵桃花笑杀人！

——《当涂赵炎少府粉图山水歌》

地白风色寒，雪花大如手。

笑杀陶渊明，不饮杯中酒。

——《嘲王历阳不肯饮酒》

月色醉远客，山花开欲然。

春风狂杀人，一日剧三年。

——《寄韦南陵冰，余江上乘兴访之，

遇寻颜尚书，笑有此赠》

恨不三五明，平湖泛澄流。

此欢竟莫遂，狂杀王子猷。

——《答裴侍御先行至石头驿
以书见招，期月满泛洞庭》

划却君山好，平铺湘水流。
巴陵无限酒，醉杀洞庭秋！

——《陪侍郎叔游洞庭醉后》

罗袜凌波生网尘，那能得计访情亲。
千杯绿酒何辞醉，一面红妆恼杀人。

——《赠段七娘》

什么愁杀、笑杀、狂杀、醉杀、恼杀，这些极度夸张的字眼，在别人是不常用的。这在一方面看，可以认为是像李白的一种口头禅似的了，在不经意之中，就总是这样夸大惯了罢了；然而另一方面看，却可以见出有他的性格所以使之然者在，正因为他内心里的要求往往是强烈的，所以他即使在不经意的时候也就如此流露而出了。

倘若说在屈原的诗里是表现着为理想（Ideal）而奋斗的，在陶潜的诗里是表现着为自由（Freiheit）而奋斗的，在杜甫的诗里是表现着为人性（Menschlichkeit）而奋斗的，在李商隐的诗里是表现着为爱（Liebe），为美（Schonheit）而奋斗的，那么，在李白的诗里，却也有同样表现着的奋斗的对象了，这就是生命和生活（Leben）。

就表面上看，似乎李白所表现的不是人间的，杜甫所表现的才是人间的。然而倘若更进一步看，却不禁会令我们惊讶地发现：李白诗的人间味之浓乃是在杜甫之上的。杜甫只是客观的、只是被动的，以反映那生命上的一切。当然，杜甫的成功不为不伟大，不过，李白却同样伟大，只是被铸造于不同的典型而已。在李白这里乃是：绝不是客观地反映生活，而是他自己便是生活本身，更根本地说，就是生命本身了。

只是他要求得太强烈了，幻灭、失败得也太厉害了，于是各方面都像黄河的泛滥似的，冲决了堤岸，超越了常轨。因此一般人在他那里欣赏其过分夸张出奇者有之，得到一鳞一爪的解放者有之，但很少有人觉悟到他在根本上乃是与任何人的心灵深处最接近的。换言之，他是再普遍也没有了，甚而说是再平凡（倘若平凡不是一个坏意思）也没有也可以了（看本书第六章）。有一颗滚热的心，跳跃在他每一首、每一句、每一字的作品！

我们姑且这样说吧，就质论，他其实是和一般人的要求无殊的；就量论，一般人却不如他要求得那样强大。

三　异国的精神教养

一般人没有他要求得那样强大，这尤其和一般的中国人的生活态度相去很远。单就这一点论，他倒有点像屈原，那精神乃是有点欧洲意味的。

逢巧又是他从小生长在国外，这是一件颇耐人寻味的事。因此有人怀疑到他的国籍上去了，不过我看倒是没有好大问题的，关于他的籍贯的种种记载，我看除了后来太凭想象的以外，大都可信，而且没有冲突。因为现在我们所据的材料，除了他自己说过的话以外，可靠的就是李阳冰的《草堂集序》，魏颢的《李翰林集序》，刘全白的《唐故翰林学士李君碣记》，和范传正的《唐左拾遗翰林学士李公新墓碑并序》。他自己的话当然是最可信的。李阳冰和魏颢也都是和李白同时代，而且很熟悉的人。尤其李阳冰，乃是李白的族叔，到李白死时，他们还在一块。他这序文，即作于宝应元年十一月乙酉，也就是公元七六二年，这年和月就是李白死的年和月，可见是马上作的了，不会他不知道的事情，隔了多少年，后人却更能够详细起来。刘全白的《碣记》作于贞元六年（公元七九〇年），也相隔不久。他是为崇拜李白的当涂县令顾游秦作的，当涂这地方也就是李白死的地方，因此见闻也不会太差。范传正的碑文作得稍后，在元和十二年（公元八一七年）正月。不过他也还见到过李白的孙女，他的先人和李白还是朋友，那么他的见闻也不能不算真切了。

李白自己在《与韩荆州书》里说，“白陇西布衣”，在《上安州裴长史书》里说，“白本家金陵，世为右姓，遭沮渠蒙逊难，奔流咸秦，因官寓家”，又在《赠张相镐》的诗里说：“本家陇西人，先为汉边将。功略盖天地，名飞青云上。苦战竟不侯，当年颇惆怅。”这不但是说他的籍贯，并且还及于他的先人，看语意大概是指李广的，李广正是陇西人。他又有《送舍弟诗》：“吾家白额驹，远别临东道。他日相思一梦君，应得池塘生春草。”萧士赟关于白额驹有注，说是用凉武昭王的故事，武昭王暠，正是李广的十六世孙。金陵大概是他远祖上偶尔居住的地方罢了。那么，据他自己承认的是陇西人了。

李阳冰、魏颢、范传正的记载也都相同，只有刘全白说他是广汉人（广汉在四川，指唐代的绵州，汉时绵州属广汉郡，现在在成都以北绵阳附近）。不过这也没有大冲突，陇西是他的原籍，广汉是他的寄居。在他自己所谓遭难奔流的话，在李阳冰、范传正也都有记载，李说："……世为显著，中叶非罪，谪居条支……神龙之初，逃归于蜀。"范说："隋末多难，一房被窜于碎叶，流离散落，隐易姓名，放自国朝（唐）已来，编于属籍，神龙初，潜还广汉，因侨为郡人。"条支、碎叶都是现在属于中亚细亚，楚河（Chu River）的地方。在李白只说奔流咸秦，他们却说到条支、碎叶。我想这一看李阳冰、范传正所谓"逃归"，所谓"潜还"就可明白，大概有多少违犯禁令的意味，因此我们的诗人便不愿意直说了。

我们就现在所知道的事实论，倘若像从前人所认为的李白是纯粹受本国教养而生长起来的，固然是粗疏，然而像现代人所猜想他是外国人的，也不免武断。我们现在对他只有一个最近事实的看法，便是认为他是"华侨"。

是唐武后长安元年（公元七〇一年），李白生于苏俄属的中亚细亚。家庭迁于广汉的时候，他已经五岁，是中宗神龙元年（公元七〇五年）了（生年据宋薛仲邕年谱，迁还之年参范、李二文）。我们明白他是华侨，我们就可了解许多事情，例如他后来能够在朝廷作《答蕃书》，证明他精通外国文字了，这在一个华侨的子弟是当然有这种方便的；又如他的小孩子有叫颇黎的，有叫明女奴的，有叫天然的，这似乎稀奇古怪了，但我们一看现在华侨家小孩的名字，什么约翰、保罗，也就觉得李白正是这种情形，很平常了。

不管李白远祖上是多么显贵的来历，但到了李白的父亲这里，大概已是迁徙流离，不遑宁居了。李白从来没谈到他的家庭，他亲密的友人也没谈到过，所以我们很少有什么凭藉，用以知道他曾经受过如何的家庭教育。他很早就度一种奇异而漂泊的生活，他似乎是没有家，好像飘蓬。从这里也可以发掘他有一种隐痛，使他很深地怀着一种寂寞的哀感，支配他全生。

我虽然不赞成马上武断到李白的国籍上去，但是他这早年生长在外国，有一个华侨的资格的事，已经在他生命史上立下一个不同于普通中国诗人的基础了。他的追求格外强，他的痛苦格外深，都和这有关。

他也未尝没有国家民族的思想（许多人以为他不关怀国家民族，只是读诗不仔细！），例如他在天宝之乱以后，就有诗道：

俗变羌胡语，人多沙塞颜。
申包惟恸哭，七日鬓毛斑。

——《奔亡道中》

不过，他不自觉地对于当时的外国有一种羡欣之感，他很赞成外国人那种野性：

> 边城儿，生年不读一字书，但知游猎夸轻趫。胡马秋肥宜白草，骑来蹑影何矜骄！金鞭拂雪挥鸣鞘，半酣呼鹰出远郊。弓弯满月不虚发，双鸧并落连飞髇。海边观者皆辟易，猛气英风振沙碛。儒生不及游侠人，白首垂帷复何益！
>
> ——《行行且游猎篇》

同是女人，他便也特别神往于异国的：

> 五陵年少金市东，银鞍白马度春风。
> 落花踏尽游何处，笑入胡姬酒肆中。
>
> ——《少年行》

此外，也还有："胡姬貌如花，当垆笑春风"（《前有樽酒行》），"胡姬招素手，延客醉金樽"（《送裴十八图南归嵩山》），那种有慕于胡人的神情，都溢于言表。

倘若中国的儒教是相当于西洋的基督教（Christin）的话，则可以一般地说，中国诗人的思想乃多半是异教徒（Pagan）的。这异教徒的色彩顶显明的就是李白了。在别人，无论骨子里是多么反抗儒家的，但很容易披上一层儒教的外衣，我不敢说李白绝对没有，然而即使有，这外衣也是再稀薄再透明也没有了。儒教色彩曾经笼罩了陶潜，曾经遮掩了杜甫，但是却把李白几乎整个漏掉了。

李白对于儒家，处处持着一种反抗的、讥讽的态度，也不止儒家，甚而连儒家所维系、所操持的传统，李白也总时时想冲决而出。

“我本楚狂人，凤歌笑孔丘”，这不用说了。自然，他有时也以孔子自比，例如他说：“我志在删述，垂辉映千春。”（《古风》）“天未丧文，其如余何。”（《雪谗诗赠友人》）或者谦虚了说：“君看我才能，何似鲁仲尼？大圣犹不遇，小儒安足悲。”（《书怀赠南陵常赞府》）并且有时候他对孔子也颇有同情和敬意：“西过获麟台，为我吊孔丘。念别复怀古，潸然空泪流。”（《送方士赵叟之东平》）然而他对于孔子是仿佛处在一个平等的地位，这是一般拘束于儒教思想之下的人所不敢的，他对于孔子，与其说赞成，毋宁说羡慕，只是羡慕孔子的事业和地位而已。孔子在李白的心目中，远不如他所崇拜的谢朓（看本书第五章）、谢安、鲁仲连（看本书第四章）。

你看他对于普通的儒家吧，他一则说：“拨乱属豪圣，俗儒安可通。”（《登广武古战场怀古》）再则说：“鲁叟谈五经，白发死章句。问以经济策，茫然坠烟雾。足著远游履，首戴方头巾。缓步从直道，未行先起尘。”（《嘲鲁儒》）挖苦得真够可以了，所以他又说：“予为楚壮士，不是鲁诸生。”（《淮阴书怀寄王宗成》）他的态度何等显明！

凡是一个人反抗一种东西，一定是先有一种东西占据着他才行，在李白也正是的，这就是他的道家思想。关于这，我们不必忙着说（看本书第二章、第三章）。现在所要指明的，是他有一种异国的情调主宰着他的精神，使他对于中国正统的儒家小看着，这就够了。

四　游侠

从“儒生不及游侠人”一句话看起来，就知道李白喜欢游侠。他曾说他“十五好剑术”（《与韩荆州书》），范传正也记他“少以侠自任”。

在他的作品中，赞美游侠的，是太多了：

赵客缦胡缨，吴钩霜雪明。银鞍照白马，飒沓如流星。

十步杀一人，千里不留行。事了拂衣去，深藏身与名。
闲过信陵饮，脱剑膝前横。将炙啖朱亥，持觞劝侯嬴。
三杯吐然诺，五岳倒为轻。眼花耳热后，意气素霓生。
救赵挥金椎，邯郸先震惊。千秋二壮士，烜赫大梁城。
纵死侠骨香，不惭世上英。谁能书阁下，白首《太玄经》！

——《侠客行》

燕南壮士吴门豪，筑中置铅鱼隐刀。
感君恩重许然诺，太山一掷轻鸿毛。

——《结袜子》

由来万夫勇，挟此英雄风。托交从剧孟，买醉入新丰。
笑尽一杯酒，杀人都市中。羞道易水寒，徒令日贯虹。
燕丹事不立，虚没秦帝宫。武阳死灰人，安可与成功！

——《结客少年场行》

龙马花雪毛，金鞍五陵豪。秋霜切玉剑，落日明珠袍。
斗鸡事万乘，轩盖一何高。弓摧宜山虎，手接太山猱。
酒后竞风采，三杯弄宝刀；杀人如剪草，剧孟同游遨。
发愤出函谷，从军向临洮。叱咤经百战，匈奴尽波涛。

归来使酒气，未肯拜萧曹。羞入原宪室，荒淫隐蓬蒿。

——《白马篇》

君马黄，我马白，马色虽不同，人心本无隔。共作游冶盘，双行洛阳陌，长剑既照耀，高冠何绝赫。各有千金裘，俱为五侯客，猛虎落陷阱，壮夫时屈厄，相知在急难，独好亦何益。

——《君马黄》

君不见淮南少年游侠客，白日球猎夜拥掷。
呼卢百万终不惜，报仇千里如咫尺。
少年游侠好经过，浑身装束皆绮罗。
兰蕙相随喧妓女，风光去处满笙歌。
骄矜自言不可有，侠士堂中养来久。
好鞍好马乞与人，十千五千旋沽酒。
赤心用尽为知己，黄金不惜栽桃李。
桃李栽来几度春，一回花落一回新。
府县尽为门下客，王侯皆是平交人。
男儿百年且乐命，何须徇书受贫病。
男儿百年且荣身，何须徇节甘风尘？

衣冠半是征战士，穷儒浪作林泉民。
遮莫枝根长百丈，不如当代多还往。
遮莫亲姻连帝城，不如当身自簪缨。
看取富贵眼前者，何用悠悠身后名？

——《少年行》

在这种游侠思想里是表现着一种现实主义的，和儒家精神又正好做一个对照了：儒家叫人要名，他这里偏说用不着名；儒家说富贵如浮云，他这里偏说只要眼前富贵。李白不甘于寂寞，所以像扬雄那样“白首《太玄经》”，他是不耐的；像儒家所赞美的原先那样安贫乐道，他是不屑的。他要钱，要酒，所以是“十千五千旋沽酒”；他要女人，所以是“兰蕙相随喧妓女”；他要穿好的，所以是“浑身装束皆绮罗”；又要朋友，所以是“赤心用尽为知己”，“三杯吐然诺”；愿意结交阔人，所以是“王侯皆为平交人”；不如意，还要杀，所以是“笑尽一杯酒，杀人都市中”，“三杯弄宝刀；杀人如剪草”。这都是他的理想。倘若理想达到，他一切不想，因为那便是“纵死侠骨香”了。

由于他的游侠思想，他很赞成杀人犯。你看他作的《秦女休行》，其中有“西门秦氏女，秀色如琼花。手挥白杨刀，清昼杀仇家。罗袖洒赤血，英声凌紫霞”，又有什么“犯刑若履虎，不畏落爪牙。素颈未及断，摧眉伏泥沙。……何惭聂政姊，万古共惊嗟”，可见他多么击节叹赏了。

李白什么事都很认真。例如读史，在别人不过是当典故，在他却不然，凡是历史上和他抱负相同的或者遭逢相类的，他便都好像认为是自己的事情一样。他的求仙学道是如此了，他要做谢安、鲁仲连是如此了，他的任侠也是如此。传说上称他曾经手刃数人，可见他的剑术也真正用过。他说他二十几岁的时候，在维扬（就是现在的扬州），不到一年，“散金三十馀万，有落魄公子，悉皆济之”，这是他的“轻财好施”。又说他曾经同他蜀中的朋友吴指南一块游楚，指南在洞庭死了，他便大哭，像死了自己的弟兄一样，当时路旁的人没有不感动的；他守着尸首，甚而老虎来了，他都一步不退，暂且埋下；以后他到金陵，过了些日子再来看时，骨头却还好好的，他便自己又用刀剜洗了一番，又借了钱，才正式地再给葬了一个好的地方。这是他的“存交重义”。这不都是他那游侠思想的实行么？

说到朋友，他的朋友也真是三教九流，无所不有。其中就有武侠。他在三十五岁这一年（公元七三五年），曾经到太原，便认识郭子仪。郭子仪这时还是一个小兵，逢巧郭子仪这时犯了法了，他便设尽方法加以援救。又如在天宝的时候吧，中原大乱，他有《赠武十七谔》诗，那序文上说：“门人武谔，深于义者也，质本沉悍，慕要离之风，潜钓川海，不数数于世间事，闻中原作难，西来访余，余爱子伯禽在鲁，许将冒胡兵以致之，酒酣感激，援笔而赠。”我们可以知道他的门人也都有武侠一流。单看这两件事，也就知道他的交游，是确乎有着这一方面了。

唐代的中华民族，的确有一点生气。真像一个新兴的少年民族似的，颇有野性，换言之，就是很有生命力。这盛况尤以开元时代为最。中国历史上的黄金时代，除了周秦，就是盛唐了。吸收与创造，物质建设与精神文明，武功与文艺，这似乎是相反的东西，然而其发达必是在同一个场合之下的，二者虽若相反，然而乃是息息相关，究极了说，乃是一种根本东西的不同表现。在外国，我们可以看希腊，他们的政治怎样，他们的教育怎样，他们那时人民的身体怎样，他们那时人民的精神怎样，科学怎样，文艺怎样，我们就大可觉悟了，原来一样发达的时候，正是别样也同样发达的时候。中国的周秦、盛唐却也恰恰似之。李白者，正是应运而生的一个时代产儿。人们之赞慕游侠，这是一种好现象，因为在游侠思想之中，充满了活力、朝气，流动着青年人的活泼泼的情感和新鲜的血液。当时也不止李白，就是杜甫、王维，也有时偶尔在诗篇中流露关于这方面的向往和憧憬了。不过，谁也没有李白那样当真，谁也没有李白那样实行，谁也没有李白那样发挥尽致！

李白和杜甫的交情，大家都知道是很深的。但是我们倘若仔细去观察的话，则这交情并不来回相等。具体地说，就是杜甫很了解李白，很担心李白，虽不能如李白那样做法，但是很能同情李白，欣赏李白，又能深深地跳入李白的世界之中，而吟味李白，观照李白；反之，李白对杜甫并不能这样，李白看着杜甫很泛泛，他不甘于做杜甫，也不热心杜甫那样的性格和生活。我们由后来人的眼光看，自然是杜甫的精神可以包容李白，而李白不能包容杜甫了，就当时论，却实在可以说杜甫很瞧得起李白，而李白却并不同样看杜甫的。这关系在什么地方呢？就在李白有他的游侠思想，对于“儒冠多误身”的人物很有点唾弃之故。

不过我们不能因此就断言李白比杜甫浅薄，这是因为他们的精神形式实在不同故。在杜甫，深而广，所以能包容一切；在李白，浓而烈，所以能超越所有。他们都达于极致了，同是文艺的极峰，同是人类的光辉！静夜有静夜的美，白昼有白昼的美，在孔子和屈原，我们不能轩轾于其间了，在杜甫与李白，我们也不能有所抑扬。

很显然，在游侠思想里，有一种犯罪心理的成分。这是不错的。只是，我也正要说了，人生的黑暗一方面，正足以见出人之所以为人来。所以，什么死啦，病啦，犯罪啦，这是人生最黑暗的角落。但是注意吧，不懂死，绝不能懂生；不懂病，绝不能懂康健；不懂犯罪，绝不能懂圣洁。朵思退益夫斯基[①]（Dostojewskij）为什么要解剖人类的灵魂而专解剖到罪人上去？道理就在这里了。原来，就恰恰是那令人犯罪的同一生命力，乃是令人到达圣洁上去的。这种道理在西洋人是很懂得的，至少歌德（Goethe）、托尔斯泰（Tolstoi）很懂得，因为前者有《浮士德》，后者有《复活》。一般中国人却不很了然，尤其受了中国的传统深的人更不容易了然。

李白当然也不知其所以然，不过他能发挥其当然。他直接地说要钱、要酒、要女人、要功名富贵、要破坏、要杀，所以我说李白在诗里所表现的，就是为生活而奋斗，为生命而战的。——其中有一种强烈的欲求在，这首先表现于他的游侠思想上！

---

① 现通译为“陀斯妥耶夫斯基”。——编者注

五　所谓豪气

现在让我有机会谈到一般人对于李白所感到的豪气。豪气是什么呢？就是一种居高临下的态度，用一句成语说，就是以大观小，李白是颇有的。

我们从他的作品以接近他的精神，觉得他处处有涌溢而出之势：

> 帝子隔洞庭，青枫满潇湘。怀君路绵邈，览古情凄凉。登岳眺百川，杳然万恨长。
>
> ——《留别曹南群官之江南》

既然所谓居高临下，所谓以大观小，其中自不能少却自负的意味，这在李白当然也很多：

> 太公渭川水，李斯上蔡门。钓周猎秦安黎元，小鱼鵕兔何足言？天张云卷有时节，吾徒莫欢瓶触藩。于公白首大梁野，使人怅望何可论，既知朱亥为壮士，且愿束心秋毫里。秦赵虎争血中原，当去抱关救公子。裴生览千古，

龙鸾炳天章，悲吟雨雪动林木，放书辍剑思高堂。劝尔一杯酒，拂尔裘上霜。尔为我楚舞，我为尔楚歌，且探虎穴向沙漠，鸣鞭走马凌黄河。耻作易水别，临歧泪滂沱。

——《留别于十一兄逖裴十三游塞坦》

既然自负，于是有些事情，便看得很轻，什么也都可一笑置之了。即如李白对于痛苦，竟也一笑置之，所以他说："自笑客行久，我行定几时。"（《书情寄从弟邠州长史昭》）甚而对于性欲，亦儿嬉视之，所以他说："白马金羁辽海东，罗帷绣被卧春风。落月低轩窥烛尽，飞花入户笑床空。"（《春怨》）因此，他在这地方，显然和李商隐不同了。李商隐是针尖大的事情，也看着不得了；在李白这里，却是天大的事情，也看得不足一笑。这种风度，我们就称之为豪气。

同时，豪气是一种男性的表现的。李白便也轻易不作儿女之悲，他有《江夏别宋之悌》诗：

楚水清若空，遥将碧海通。人分千里外，兴在一杯中。
谷鸟吟晴日，江猿啸晚风。平生不下泪，于此泣无穷。

"平生不下泪"，我信是一句实话。

以李白之豪气，写边塞文学便格外有声有色：

骝马新跨白玉鞍，战罢沙场月色寒。
城头铁鼓声犹震，匣里金刀血未干。

——《军行》

百战沙场碎铁衣，城南已合数重围。
突营射杀呼延将，独领残兵千骑归。

——《从军行》

别人所写，纵然也很动人，但始终是不掩那第三者的立场的，独独李白，他是化在那所写的题材之中。而且即使不管内容，就是那字，那声音，也已经烘托出一种氛围，使人犹如设身处地于他所描绘的世界里了。有种先声夺人的光景在，这在从前人，就是所谓“气象”。气象是李白所特有的。

虽然我们是由李白的文字表现而知其如此，但这不是文字问题了，而是精神。我已经说过，在李白的精神里，常有涌溢而出之势，所以我又说，他的精神常是在冲决着，又在超越着。很小的一点事，我们也可以从中看出是如此了；例如他的诗里常有“忽然”的字样：

苍苍云松，落落绮皓。春风尔来为阿谁？胡蝶忽然满芳草。

…………

——《山人劝酒》

烈士击玉壶，壮心惜暮年。三杯拂剑舞秋月，忽然高咏涕泗涟。……

——《玉壶吟》

有时忽惆怅，匡坐至夜分。平明空啸咤，思欲解世纷。
心随长风去，吹散万里云。羞作济南生，九十诵古文。
不然拂剑起，沙漠收奇勋。老死田陌间，何因扬清芬。
夫子今管乐，英才冠三军。终与同出处，岂将沮溺群。

——《赠何七判官昌浩》

醉来脱宝剑，旅憩高堂眠。
中夜忽惊觉，起立明堂前。

——《冬夜醉宿龙门，觉起言志》

即在题目中，他也有《日夕山中忽然有怀》之类。这种字样，正如他那笑杀、愁杀、狂杀、醉杀，等等，是别人所不常有的。“忽然”的情调，正是代表他精神上潜藏的力量之大，这如同地下的火山似的，便随时可以喷出熔浆来。在某一种意义上说，这种情形，正是为“灵感”一词下了一个具体的注脚。“灵感”不是由外而来的，却是自内而生的，只是似乎不能自己加以操纵似的，要来，却是不期而来，所以用“忽然”二字去描写情景，便是再好也没有了。李白“忽然”的情调特多，换言之，也就是他写诗的材料——灵感——的临莅也最频繁。诗有作的，有写的，作的勉强，写的自然，大家只知道李白的诗那么自然，冲口而出，真似乎妙手天成，却不知道这有一种根本的关系在，这就是那充溢的生命力使然了。

他这充溢的生命力是时时要抓住什么东西的，所以具体地表现而为游侠，抽象地表现而为豪气。当它能够得到什么东西当然好多了，否则便思破坏一切。所以同是一种生命力者，有时表现而为极端的现实主义，攫取目前的一切，但也有时表现而为极端的反现实主义，想对目前的一切施以报复。他要捶碎黄鹤楼，倒却鹦鹉洲，正是这种表现。不特如此，即李白的挥金如土，也是同一个消息：

马上相逢揖马鞭，客中相见客中怜。

欲邀击筑悲歌饮，正值倾家无酒钱。
江东风光不借人，枉杀落花空自春。
黄金逐手快意尽，昨日破产今朝贫。
丈夫何事空啸傲，不如烧却头上巾。
君为进士不得进，我被秋霜生旅鬓。
…………

——《醉后赠从甥高镇》

第二章　李白求仙学道的生活之轮廓

一点也不可忽视的，同样作用着李白的精神很深的，就是道家思想。

一般地说，中国诗人很缺少形而上的思想背景。这缘故也很简单，因为中国诗人多半被拘束在儒家的传统之下。儒家又最实用不过，儒家未尝没有形而上思想，但是绝不注重，孔子就不常说“性与天道”“命与仁”，因此受了儒家思想而表现在文艺里的也就毋宁是儒家所提倡的家人父子的感情，闲适豁达的风趣，却很少表现出是接受自儒家的形而上思想，再说，儒家思想彻头彻尾就是一种人本主义（Humanismus），因此谈不到天道；谈不到天道，哪能成为一种形上思想呢？道家则不然。被推为道家圣经的《老子》，就处处谈天道的。

李白从小接受着道家的熏陶。就他自己说的“五岁诵《六甲》”。《六甲》就是道宗末流的一种怪书，《神仙传》

有“左慈学道，尤明《六甲》，能役使鬼神”的话可证。他又说“十岁观百家，轩辕以来，颇得闻矣”，轩辕也正是道家所托，所谓黄、老。在他《赠张相镐》的诗里，则有“十五观奇书”的话，儒家正统的书不能算奇书，奇书就又是道书一类了。可见他直至这时读书还是在这一个系统之下。

大概在他十五岁左右吧（因为他有“十五游神仙，仙游未曾歇”的话），他就和一个所谓“逸人”东岩子的隐于岷山。一隐就是好几年，也不到城市里去，却养了成千的奇禽，都训练得能够一叫就来，可以从他们手掌里吃东西，竟一点不怕他们。李白自己说这事惊动了广汉太守，便亲自来看了一番，觉得他们俩一定是很有本领了，于是便招呼他们出山，但他们却偏没有答应。李白自己说这是他“养高忘机，不屈之迹”（《上安州裴长史书》）。我们所注意的却不是他们如何训练鸟了，而是李白在早年如何受训练于道家。

李白这故事，不禁令我想到就是到现在，在码头、车站上也还常截获有些十几岁的小孩子要入山学道的事。在李白虽然说得颇郑重，但在我们闭目一想，实在也是这样中了魔的小孩子之一而已。不过不同的是，现在的小孩子中魔没有他那样深，如果就李白的立场说话，也就是还没有他那样的根底。再一点不同，就是现在的小孩子总有父母拘束着，一走失了，会去着急地找的。似乎李白没有这种幸福，好像他求仙学道的开始，也就是他漂泊跋涉的开始了，从此他再没有谈到过他的家。从诗文里看，他也就似乎从此没有家了。然而他和现代儿童顶大的不同，乃是在他这“奇书”“逸人”的作用，影响到他的生活，影响到他的事业，成就他做一个大诗人。

他有许多求仙学道的朋友，用李白自己的话说，便是“结神仙交”（《冬夜于随州紫阳先生餐霞楼送烟子元演隐仙城山序》），比较重要的，按着时间的先后，方才提过的东岩子不用说，次是元丹丘（就是丹丘生）、元演、紫阳先生、盖寰、高尊师、参寥子。以地方论，和李白学道上有关的地方是四处，也按着时间的先后排列，岷山是第一处，其次便是河南的嵩山，再次是湖北的随州（就是江汉一带），更次乃是齐（山东）。倘若像现在人夸说留学过牛津、剑桥、柏林、耶鲁似的，那么，李白也可以说就是住过岷山、嵩山、随州和齐的了。

他和元丹丘是什么时候认识的，我们不很清楚，但我们知道他们曾经在嵩山同学过道。他有诗说：

……畴昔在嵩阳，同衾卧羲皇。绿萝笑簪绂，丹壑贱岩廊。晚途各分析，乘兴任所适。……

——《闻丹丘子于城北营石门幽居，中有高凤遗迹，仆离群远怀，亦有栖遁之志，因叙旧以寄之》

下边又接着说：“仆在雁门关，君为峨嵋客。”查李白到山西的一年是他三十五岁的时候（开元二十三年，公元七三五年），而且中间他还到过随州，那么这一段生活一定在他三十五岁以前了。不过他和元丹丘的认识一定还早得多，这是没有问题的，因为他在《上安州裴长史书》说到益州长史苏公夸说他“此子天才英丽，下笔不休，虽风力未成，且见专车之骨，若广之以学可以相如比肩也”。之后，便又提到郡督马公夸说他的话：“诸人之文，独山无烟霞，春无草树，李白之文，清雄奔放，名章俊语，络绎间起，光明动澈，句句动人。”接着则以故交丹丘作为见证，称为“亲接斯议”，我们知道他写是封信的时候是他三十岁左右，对丹丘却已称为“故交”，则其早可知了；他举的两件事，头一件是他二十岁的事，第二件虽不必同时，但也应该和去不远，总之，可见他和丹丘生是一对老朋友了。因此，他时时刻刻有寄丹丘生的诗，或者追忆他们一块的生活。

本来，友情就是在一个人的精神进展上很重要的一个因子，丹丘生又是李白很亲密的朋友之一，所以我们不妨把他们的关系，略略注意一下了。

无疑，嵩阳一带的同游，是他记忆中最不能忘情的一个片断。我们且看他当时的诗吧。便有：

故人栖东山，自爱丘壑美。青春卧空林，白日犹不起。
松风清襟袖，石潭洗心耳。羡君无纷喧，高枕碧霞里。

——《题元丹丘山居》

仙游渡颍水，访隐同元君。忽遗苍生望，独与洪崖群。
卜地初晦迹，兴言且成文。却顾北山断，前瞻南岭分。
遥通汝海月，不隔嵩丘云。之子合逸趣，而我领清芬。
举迹倚松石，谈笑迷朝曛。终愿狎青鸟，拂衣栖江渍。

——《题元丹丘颍阳山居》

在后一首里，他还有序文道："丹丘家于颍阳，新卜别业，其地北倚马岭，连峰嵩丘，南瞻鹿台，极目汝海，云岩映郁，有佳致焉，白从之游，故有此作。"后来他将离开时，更有诗道：

吾将元夫子，异姓为天伦。本无轩裳契，素以烟霞亲。
尝恨迫世网，铭意俱未伸。松柏虽寒苦，羞逐桃李春。
悠悠市朝间，玉颜日缁磷。所失重山岳，所得轻埃尘。
精魄渐芜秽，衰老相凭因。我有锦囊诀，可以持君身。
当餐黄金药，去为紫阳宾。万事难并立，百年犹崇晨。
别尔东南去，悠悠多悲辛。前志庶不易，远途期所遵。
已矣归去来，白云飞天津。

——《颍阳别元丹丘之淮阳》

再以后，对于嵩山，却便只有在记忆中了，他于是时时神往：

我有万古宅，嵩阳玉女峰。长留一片月，挂在东溪松。
尔去掇仙草，菖蒲花紫茸。岁晚或相访，青天骑白龙。

——《送杨山人归嵩山》

家本紫云山，道风未沦落。沉怀丹丘志，冲赏归寂寞。
揭来游闽荒，扪涉穷禹凿。夤缘泛潮海，偃蹇陟庐、霍。
凭雷蹑天窗，弄景憩霞阁。且欣登眺美，颇惬隐论诺。
三山旷幽期，四岳聊所托。故人契嵩、颍，高义炳丹雘。

灭迹遗纷嚣，终言本峰壑。自矜林湍好，不羡市朝乐。
偶与真意并，顿觉世情薄。尔能折芳桂，吾亦采兰若。
拙妻好乘鸾，娇女爱飞鹤。提携访神仙，从此炼金药。

——《题嵩山逸人元丹丘山居》

后一首大概是在他五十几岁，天宝之乱以前作，诗的序文有："白久在庐霍，元公近游嵩山，故交深情，出处无间。岩信频及，许为主人，欣然适会，本意当冀长住不返，欲便举家就之。兼书共游，因有此赠。"庐、霍都是江西一带的地方，看口气绝不像在夜郎赦还时的光景，所以断定是在未乱以前遨游的时候作——况且诗中亦略有游踪可寻的。什么"故交深情"，"欲便举家就之"，就可见他和丹丘生的友情之厚，以及对于嵩、颍的怀念之殷了。

中间他们也时常通音问。从颍阳一别，李白到了随州（随州在湖北）。随州是第三个和李白学道有关的地方。这里便是紫阳先生（注家以为紫阳先生即周季通，查周为汉人，一定不对，这当然是另一位学道的，也叫紫阳罢了。在李白《江夏送倩公归汉东序》中有："汉东一国，圣人所出，神农之后，季良为大贤。尔来寂寂，无一物可纪。有唐中兴，始生紫阳先生。先生六十而隐化。"李白并有《题随州紫阳先生壁》诗。

在王琦本《李太白全集》卷三十诗文拾遗中有《汉东紫阳先生碑铭》一文，倘若此文可靠，则紫阳先生乃是姓胡，即是下文所引诗中之胡公，死时年六十有二）的所在，也便是餐霞楼的所在。在这时候，我们见他又提出他的另一位神仙交元演来，他作有《冬夜于随州紫阳先生餐霞楼送烟子元演隐仙城山序》：

> 吾与霞子元丹、烟子元演，气激道合，结神仙交。殊身同心，誓老云海，不可夺也。历行天下，周求名山，入神农之故乡，得胡公之精术。胡公身揭日月，心飞蓬莱。起餐霞之孤楼，炼吸景之精气。延我数子，高谈混元。金书玉诀，尽在此矣。白乃语及形胜，紫阳因大夸仙城。元侯闻之，乘兴将往。别酒寒酌，醉青田而少留；梦魂晓飞，度渌水以先去。吾不滞于物，与时推移。出则以平交王侯，遁则以俯视巢、许。朱绂狎我，绿萝未归。恨不得同栖烟林，对坐松月。有所款然，铭契潭石。乘春当来，且抱琴卧花，高枕相待。诗以宠别，赋而赠之。

所谓“殊身同心，誓老云海，不可夺也”，这真是成为同志了。后来他政治上失败了，到金陵，大概已是五十几岁了，对于这一次的聚会，便又有颇不能置怀的回忆，那是先从在洛阳时的生活说起的：

忆昔洛阳董糟丘，为余天津桥南造酒楼。黄金白璧买歌笑，一醉累月轻王侯。海内贤豪青云客，就中与君心莫逆。回山转海不作难，倾情倒意无所惜。我向淮南攀桂枝，君留济北愁梦思。不忍别，还相随；相随迢迢访仙城，三十六曲水回萦。一溪初入千花明，万壑度尽松风声。银鞍金络到平地，汉东太守来相近。紫阳之真人，邀我吹玉笙。餐霞楼上动仙乐，嘈然宛似鸾凤鸣。长管催，欲轻举，汉东太守醉起舞。手持锦袍覆我身，我醉横眠枕其股。当筵意气凌九霄，星离雨散不终朝，分飞楚关山水遥。余既还山寻故巢，君亦归家度渭桥。君家严君勇貔虎，作尹并州遏戎虏。五月相呼度太行，摧轮不道羊肠苦。行来北凉岁月深，感君贵义轻黄金。琼杯绮食金玉案，使我醉饱无归心。时时出向城西曲，晋祠流水如碧玉。浮舟弄水箫鼓鸣，微波龙鳞莎草绿。兴来携妓恣经过，其若杨花似雪何。红妆欲醉宜斜日，百尺清潭写翠娥。翠娥婵娟初月辉，美人更唱舞罗衣。清风吹歌入空去，歌曲自绕行云飞。此时行乐难再遇，西游因献《长杨赋》。北阙青云不可期，东山白首还归去。渭桥南头一遇君，酂台之北又离群。问余别恨今多少，落花春暮争纷纷。言亦不可尽，情亦不可极，呼儿长跪缄此辞，寄君千里遥相忆。

——《忆旧游寄谯郡元参军》

李白在随州以后，到了太原，这是在我们引过的诗中已经有着的了。李白在天宝元年（公元七四二年），是政治的生活上最得意的时候，当了供奉翰林，这时他四十二岁了。他住在当时的京城长安，是在天宝三载离开的，所以他那“离居在咸阳，三见秦草绿”的诗寄元丹丘者，我想也一定是这时作的了。

他之遇盖寰，我想是在天宝三载以后。他们相见的地方是安陵，安陵在唐时属德州平原郡，是在山东。这一次之重要：是盖寰为他造了个“真箓”。这在道教徒看是一件大事的，所以李白又高兴地作了一首诗，这就是《访道安陵遇盖寰为予造真箓临别留赠》：

清水见白石，仙人识青童。安陵盖夫子，十岁与天通。
悬河与微言．谈论安可穷。能令二千石，抚背惊神聪。
挥毫赠新诗，高价掩山东。至今平原客，感激慕清风。

学道北海仙，传出药珠宫。丹田了玉阙，白日思云空。
为我草真箓，天人惭妙工。七元洞豁落，八角辉星虹。
三灾荡璇玑，蛟龙翼微躬。举手谢天地，虚无齐始终。
黄金献高堂，答荷难克充。下笑世上事，沉魂北罗酆。
昔日万乘坟，今成一科蓬。赠言若可重，实此轻华嵩。

其中很多道家术语，读者试查杨齐贤、萧士赟等的注便可知道都有根据和来历，我们却不必在这里说什么外行话了。

不过我们只就事实看，则似乎这一次受箓，不如也在山东受高尊师如贵道士的道箓之正式，因为盖寰也只是高尊师的学生，所谓“学道北海仙”，是李白同学的样子，不过程度稍高，行辈稍前而已，当然不如“尊师”亲授的事之隆重。道教是有阶级层次的，可知这次在后。那时他也有诗道：

道隐不可见，灵书藏洞天。吾师四万劫，历世递相传。
别杖留青竹，行歌蹑紫烟。离心无远近，长在玉京悬。
——《奉饯高尊师如贵道士传道箓毕归北海》

这实在是一桩大典。北海就是现在山东胶东一带，他这首诗是作于齐。我们知道，山东对李白的关系非常之大（参看本书第六章专条），他的剑术吧，是在山东得着进益，所以他有“顾余不及仕，学剑来山东”（《五月东鲁行答汶上翁》）的话；他和杜甫的来往，也是在山东尤其得在友情上酣畅淋漓，这都是这时以前的话了。而他的学道，却也以在山东的居住为最重要。他曾在山东写着关于道家的论文，所谓“道书”，可惜我们不能见到了——不过见到恐怕也不懂的。著道书的事，是见之于他的《早秋单父南楼酬窦公衡》诗：

> 白露见日灭，红颜随霜凋。别君若俯仰，春芳辞秋条。太山嵯峨夏云在，疑是白波涨东海。散为飞雨川上来，遥帷却卷清浮埃。知君独坐青轩下，此时结念同怀者。我闭南楼著道书，幽帘清寂若仙居。曾无好事来相访，赖尔高文一起予。

单父就是现在山东的单县。李白又曾于天宝元年（公元七四二年）四月游泰山，这大概在他快要登政治舞台以前，这时有几首诗，便也是说着求仙学道的，我们试录四首，以见一斑：

> 四月上泰山，石屏御道开。六龙过万壑，涧谷随萦回。
> 马迹绕碧峰，于今满青苔。飞流洒绝巘，水急猿声哀。

北眺崿嶂奇，倾崖向东摧。……天门一长啸，万里清风来。

玉女四五人，飘摇下九垓。含笑引素手，遗我流霞杯。
稽首再拜之，愧我非仙才。旷然小宇宙，弃世何悠哉！

平明登日观，举手开云关。精神四飞扬，如出天地间。
黄河从西来，窈窕入远山。凭崖览八极，目尽长空闲。
偶然值青童，绿发双云鬟。笑我晚学仙，蹉跎凋朱颜。
踌躇忽不见，浩荡难追攀。

清斋三千日，裂素写道经。吟诵有所得，众神卫我形。
云行信长风，飒若羽翼生。攀崖上日观，伏槛窥东溟。
海色动远山，天鸡已先鸣。银台出倒景，白浪翻长鲸。
安得不死药，高飞向蓬瀛？

日观东北倾，两崖夹双石。海水落眼前，天光遥空碧。
千峰争攒聚，万壑绝凌历。缅彼鹤上仙，去无云中迹。
长松入霄汉，远望不盈尺。山花异人间，五月雪中白。
终当遇安期，于此炼金液。

——《游泰山六首》

诗既然抄出，就先让我对这诗说句话吧，我一方面感觉到诗人的幻想力（Phantasic）已经尽驰骋之能事了，同时我又感到诗人之惊人的写实的本领，“海色动远山，天鸡已先鸣”“海水落眼前，天光遥空碧”，到现在我们去等待着看那日出时，也还是这般光景，“日观东北倾，两崖夹双石”，到现在我们一到日观峰，也还是叹赏这般奇迹！至于“天门一长啸，万里清风来”“精神四飞扬，如出天地间”，我真不知道诗人何以能这样把那心旷神怡的骨髓都给挖掘出来了！不过我不能再说下去了，因为现在不是谈他的诗的时候，而是谈他的求仙学道的成绩的时候。现在我们把话收回来，山东对他学道非常的关系之大，泰山的诱引，也是其一，所以他无怪乎说“终当遇安期，于此炼金液”了。因此我说山东是第四个关系李白学道的地方，而且其重要，恐怕远在岷山、嵩山和随州之上，其中尤有关系的，则是他在山东从高尊师受了道箓的事，这似乎是真正学业有得，而获了学位的光景了。

不过他没忘了丹丘生。他们的再聚是在洛阳。这就是他诗上所谓“长剑复归来，相逢洛阳陌”的时候。我想《将进酒》的名歌即作于此时：

君不见黄河之水天上来，奔流到海不复回？

君不见高堂明镜悲白发，朝如青丝暮成雪？
人生得意须尽欢，莫使金樽空对月！
天生我材必有用，千金散尽还复来。
烹羊宰牛且为乐，会须一饮三百杯。
岑夫子，丹丘生，将进酒，君莫停！
与君歌一曲，请君为我倾耳听。
钟鼓馔玉不足贵，但愿长醉不复醒。
古来圣贤皆寂寞，唯有饮者留其名。
陈王昔时宴平乐，斗酒十千恣欢谑。
主人何为言少钱？径须沽取对君酌。
五花马，千金裘，
呼儿将出换美酒，与尔同销万古愁！

因为说到黄河，我想一定是眼前离黄河不远才对，所以我想就是这一次在洛阳了；因为诗里头失意的意味特深，所以我认为是他在离开长安，政治上受打击以后。此中的岑夫子，在从前人多以为是岑参，我以为乃是岑勋，因李白别有《酬岑勋见寻就元丹丘对酒相待以诗见招》诗一首，正是同一回事情。

此后，则李白再到了湖北，但丹丘生比较固定，一直在河南，这就是李白所谓“思君楚水南，望君淮山北”，这是“梦魂虽飞来，会面不可得”的时候。大概以后他们便没再见面。我们以上把李白和丹丘生的离合，并中间李白和别的“神仙交”的来往之迹都说过了，现在再录《元丹丘歌》一首，以见元丹丘的风姿！

元丹丘，爱神仙。朝饮颍川之清流，暮还嵩岑之紫烟。三十六峰长周旋。长周旋，蹑星虹，身骑飞龙耳生风。横河跨海与天通，我知尔游心无穷。

又录《与元丹丘方城寺谈玄作》一首，以见他们在友谊里彼此知识上之交换和吸取：

茫茫大梦中，唯我独先觉。腾转风火来，假合作容貌。
灭除昏疑尽，领略入精要。澄虑观此身，因得通寂照。
朗悟前后际，始知金丹妙。幸逢禅居人，酌玉坐相召。
彼我俱若丧，云山岂殊调。清风生虚空，明月见谈笑。
怡然青莲宫，永愿恣游眺。

李白到了湖北的时候，却又逢到一位“神仙交”，便是参寥子，他有《赠参寥子》诗：

白鹤飞天书，南荆访高士。五云在岘山，果得参寥子。
肮脏辞故园，昂藏入君门。天子分玉帛，百官接话言。
毫墨时洒落，探玄有奇作。著论穷天人，千春秘麟阁。
长揖不受官，拂衣归林峦。余亦去金马，藤萝同所欢。
相思在何处，桂树青云端。

到这里为止，我们对李白求仙学道的生活，得到一个轮廓，为清楚起见，我再说一遍，重要的地方：岷山、嵩山、随州、齐；重要的人物：东岩子、元丹丘、元演、紫阳先生、盖寰、高尊师、参寥子。时候则差不多包括李白自小至老。

此外，我们却要注意的，便是求仙学道，大概在当时是一种风气，这些人另成一个世界，另有一种趣味。上面那些人物都是和李白见过面，而且有的很有交情的了，但也有为李白所未见过而只向往的。例如“年八十馀，颜色如桃花”的真公。这是在荆州玉泉寺的，又有焦炼师，是女的，在嵩山。关于焦炼师，李白有赠的诗，我们先看那序文：“嵩丘有神人焦炼师者，不知何许妇人也，又云生于齐梁时，其年貌可称五六十。常胎息绝谷，居少室庐，游行若飞，倏忽万里。世或传其入东海，登蓬莱，竟不能测其往也。余访道少室，尽登三十六峰，闻风有寄，洒翰遥赠。”下面即是那诗：

二室凌青天，三花含紫烟。中有蓬海客，宛疑麻姑仙。
道在喧莫染，迹高想已绵。时餐金鹅药，屡读青苔篇。
八极恣游憩，九垓长周旋。下瓢酌颍水，舞鹤来伊川。
还归空山上，独拂秋霞眠。萝月挂朝镜，松风鸣夜弦。
潜光隐嵩岳，炼魄栖云幄。霓衣何飘飘，风吹转绵邈。
愿同西王母，下顾东方朔。紫书倘可传，铭骨誓相学。

“访道”，是道家的重要生活之一，所以他也各处访。他又说“铭骨誓相学”，则他的热心和决心很可想见。

李白常说他学道有三十年的历史。例如“学道三十春，自言羲和人，轩盖宛若梦，云松长相亲”（《酬王补阙惠翼庄庙宋丞泚赠别》），“云卧三十年，好闲复爱仙”（《安陆白兆山桃花岩寄刘侍御绾》），“青莲居士谪仙人，酒肆藏名三十春”（《答湖州迦叶司马问白是何人》）。只是不知道他是从何时算起的，是从“五岁诵《六甲》”算起吗？还是从“十五游神仙，仙游未曾歇？”我们当然也不必武断，总之，大概就他四十岁左右说话，是已经“学道”学了三十多年了。我一再说过，他的学道非常热心，非常认真，所以甚而形诸梦寐：“余尝学道穷冥筌，梦中往往游仙山”（《下途归石门旧居》），而且时时没忘了这件事：

石壁望松寥，宛然在碧霄。安得五彩虹，架天作长桥！仙人如爱我，举手来相招。

——《焦山杳望松寥山》

假若道教算一种宗教的话，我敢说从来的中国诗人没有李白这样信教信得笃的；假若我们对道教只当作一种思想看，我也敢说从来的中国诗人没有李白受思想之支配受得这样厉害的。

结果怎么样呢？不能不说相当的成功。他在少年就为天台的司马子微（名承祯，见《续仙传》）认为有“仙风道骨”（见《大鹏赋序》）；他一到长安，贺知章见了就称为“谪仙人”（《对酒忆贺监》）。看他的《夏日山中》诗：

懒摇白羽扇，裸袒青林中。
脱巾挂石壁，露顶洒松风。

简直就是一个活神仙了。

第三章　道教思想之体系与李白

我很赞成刘勰对于道家的三品说：

> 按道家立法，厥品有三：上标老子，次述神仙，下袭张陵，太上为宗，寻柱史嘉遁，实为大贤；著书论道，贵在无为；理归静一，化本虚柔；然而三世弗纪，慧叶靡闻，斯乃导俗之良书，非出世之妙经也。若乃神仙小道，名为五通，福极生天，体尽飞腾，神通而未免有漏，寿远而不能无终，功非饵药，德沿业修，于是愚狡方士，伪托遂滋。张陵米贼，述记升天；葛玄野竖，著传仙公；愚斯惑矣，智可罔欤？今祖述李叟，则教失如彼；宪章神仙，则体劣如此；上中为妙，犹不足算，况效陵鲁，醮事章符，设教五斗，欲拯三界，以蚊负山，庸讵胜乎？
>
> ——《灭惑论》

不过实际上这三派很不容易分，上品不包括中品、下品是可以的，中品就不能不包括上品，下品就不能不包括上品、中品，倘若历史地看起来，则后来者包括过去者更是自然的事。然而话要说回来了，刘勰的分法是有种批评的、价值的意味的，就批评、价值言，我对于刘勰的分法却便只有赞成了。

考道教之始，只有老庄的无为自然思想和稷下学派的神仙方术思想，联而为一的则是淮南。后来在理论上出了两个大人物，一是后汉作《参同契》的魏伯阳，一是晋朝作《抱朴子》的葛洪，这两个大人物既出，道教的面目才正式成立了。说到萌芽当然很早，老庄本人的思想做了他们理论上的根据不必说，就是在《老子》《庄子》等著作出现的同时，也就已经有雏形的道教了，在《老子》书中有“致虚守静，长生久视”的话，以及相传广成子告诉黄帝的“毋劳尔形，毋摇尔精，毋使尔星星”便很相似；在《庄子》书中有“古之真人，其寝不梦，其觉无忧，其食不甘，其息深深。真人之息以踵”（《大宗师》）；有“藐姑射之山有神人居焉，肌肤若冰雪；绰约若处子；不食五谷，吸风饮露，乘云气，御飞龙，而游乎四海之外”（《逍遥游》）；有“夫圣人鹑居而谷食，鸟行而无彰，天下有道，则与物皆昌，天下无道，则修德就间，千岁厌世，去而上仙，乘彼白云，至于帝乡”（《天地》）；长生，真人，神人，仙，也都出来了，所以我说这时已经有雏形的道教了。不过他们还没体系化，又空有设想，还没实际化。我们从演进上看，道教始终是一个能吸收的杂货摊，在汉时已有“采儒墨之善，撮名法之要”（《太史公自序》）的办法，后来便与神仙方士合，与天师道合，与佛教合，甚而与摩尼教合，与基督教合（到了清朝），所以在开始时似乎是冲突者，例如《庄子》上说：“吹呴呼吸，吐故纳新，熊经鸟申，为寿而已矣，此道引之士，彭祖寿考之所好也。”（《刻意篇》）这是为庄子一派人所不满的；又如葛洪说：“五千文虽出老子，然皆泛论较略耳，其中了不肯首尾全举其事，有可承接者也，但暗诵此经，而不得要道，直为徒劳耳，又况不及者乎！至于文子、庄子、关令尹喜之徒，其属文笔，虽祖述黄、老，宪章玄虚，但演其大旨，永无至言，或复齐死生谓无异，以存活为徭役，以殂殁为休息，其去神仙已千亿里矣，岂足耽玩哉！”（《释滞篇》）这是不满于老庄的，然而都无碍其终于调和吸收，结果都兼容并包于道家之内。

现在我们谈到李白。因为在他的时代，道教不但到了完成期，而且到了隆盛期，所以他所接受的乃是道教所兼容并包很多的阶段了，就刘勰的三品说，上中下三品，李白可说全都沾染，因为李白有老庄的自然无为的宇宙观，但也有神仙派的炼养服食的实践，同时并服从天师道的符箓。道教的色彩之杂，李白尤其有，先前是有假托太公的阴谋派的了，鬼谷子、苏秦、张仪，都可以说是道家的一支，而李白便也时时以苏、张自况，也常常想贡献奇计。后来道家是搀入佛的成分的了，李白更时常谈禅，并同许多和尚打交道。

我们姑且不从演进上看，也不从不相干的搀杂的成分看，只是就几个根本的概念看，看道教的内容都是什么，以便了解李白的思想基础。

道教的第一个根本概念当然是“道”，“道”是宇宙的一种主宰，是一种超现象界的本体，有时叫“造化”（《淮南子·原道训》：“与造化者俱”），有时叫“太乙”（《吕氏春秋·大乐》篇：“道也者，至精也，不可为形，不可为名，强为之，谓之太一。”太一即太乙）。李白也有这种信念，他说：

> 天地为橐籥，周流行太易。造化合元符，交媾腾精魄。自然成妙用，孰知其指的。
>
> ——《草创大还赠柳官迪》

“橐籥”这个名词很妙，橐指囊，籥指管，原来是道家的看法，天地生人造物好比一个大洪炉，其中的火焰需要囊管吹动，万物才会被鼓铸起来。这正是形容“道”为宇宙的主宰处。李白又有诗说：

> 桃李得日开，荣华照当年。东风动百物，草木尽欲言。
> 枯枝无丑叶，涸水吐清泉。大力运天地，羲和无停鞭。
>
> ——《长歌行》

所谓“大力”，便也是“道”。这种观念，我觉得乃是一种信仰的问题，并不是智识的问题。所以在李白，或者其余的道教徒，凡是在世事上一方面失望了，或受了压迫了，便以“道”为归宿；因为“道”的力量是超乎现象的、超乎人的、超乎现世的缘故：

> 世道日交丧，浇风散淳源。不采芳桂枝，反栖恶木根。
> 所以桃李树，吐花竟不言。大运有兴没，群动争飞奔。
> 归来广成子，去入无穷门。
>
> ——《古风》

总枢纽既然操之“大运”，所以小小不言的变动，便毫没有关系的了。

从这种信念出发，遂觉得万物都轻，所以李白有“得心自虚妙，外物空颓靡”（《金门答苏秀才》），“一身自萧洒，万物何嚣喧”（《答从弟幼成过西园见赠》）的感觉；同时李白别有一种境界，迥乎不是没有这种信念的人所能够体会的：

问余何意栖碧山，笑而不答心自闲。
桃花流水窅然去，别有天地非人间。

——《山中答俗人》

普通人只知道欣赏这一首诗如何妙出自然，却也感觉到那样无烟火气，然而没想到这有李白的思想基础在，有李白的根本信念在，有李白之由精神教养而陶铸成的整个人格在！

道教的第二个根本概念是这种作为宇宙的主宰的“道”，其性质乃是动的，即所谓“运”是；所以在庄子看古今生死，便认为也不过是大道连续的运行而已，可以不必顾虑，可以不动感情。但是后来的道家对于“道”是动的这概念是接受了，只是对于生死的问题却不一定顺着庄子的结论走。在李白也是这样的。李白的宇宙观即是动的，李白心目中的宇宙是有精神力量在内的，这和陶潜便很不同了，陶潜的宇宙观却是静的，陶潜心目中的宇宙只是物质。不过李白对于生死却并不一定超然。

因为李白的宇宙观是动的，所以他常说“观化”：

贵道皆全真，潜浑卧幽邻。
探玄入窅默，观化游无垠。

——《送岑征君归鸣皋山》

冥机发天光，独朗谢垢氛。
虚舟不系物，观化游江滨。

——《赠僧崖公》

因为李白心目中的宇宙是有精神力量在内的，所以李白对于自然的看法，也便都赋予一种人格化：

肠断枝上猿，泪添山下樽。
白云见我去，亦为我飞翻。

——《题情深树寄象公》

花间一壶酒，独酌无相亲。举杯邀明月，对影成三人。

月既不解饮，影徒随我身。暂伴月将影，行乐须及春。
我歌月徘徊，我舞影凌乱。醒时同交欢，醉后各分散。
永结无情游，相期邈云汉。

——《月下独酌》

玉壶系青丝，沽酒来何迟。山花向我笑，正好衔杯时。
晚酌东窗下，流莺复在兹。夏风与醉客，今日乃相宜。

——《待酒不至》

春草如有意，罗生玉堂阴。东风吹愁来，白发坐相侵。
独酌劝孤影，闲歌面芳林。长松尔何知？萧瑟为谁吟？
手舞石上月，膝横花间琴，过此一壶外，悠悠非我心。

——《独酌》

劝君莫拒杯，春风笑人来。桃李如旧识，倾花向我开。
流莺啼碧树，明月窥金罍。昨来朱颜子，今日白发催。
棘生石虎殿，鹿走姑苏台。自古帝王宅，城阙闭黄埃。
君若不饮酒，昔人安在哉？

——《对酒》

这样一来，什么白云啦，明月啦，山花啦，流莺啦，东风，春风啦，天地万物，遂无不亲切了。在李白看，白云明月固然像自己一样是天地间有生命的东西了，但是他自己也何尝不像天地间的一朵白云一样，一轮明月一样？所以他是自己宇宙化，宇宙又自己化了。由前者，我们感到他的旷达，由后者，我们感到他的情深。他说：

> 众鸟高飞尽，孤云独去闲。
> 相看两不厌，只有敬亭山。
>
> ——《独坐敬亭山》

那么，他在人间所得的寂寞的哀感，正是因为有大自然里的亲切的对象给加以补偿了。

宇宙“人化”，人“宇宙化”，这也正是道教的理论使然；原来人和宇宙都是由同一的基础而生的：

> 夫人在气中，气在人中。自天地至于万物，无不须气以生者也。
>
> ——葛洪《至理篇》

又如庄子所谓“天地与我并生，而万物与我为一”（《齐物论》）；《五运历年纪》所谓盘古死了以后，呼吸化为风云，声音化为雷霆，左右两眼化为日月，四肢五体化为四极五岳；更有，道教徒所谓自身之肉体，各部分也都有名，并且有神，例如发神叫苍华，字大元，高二寸十分，脑神叫精根，字泥丸，高一寸十分之类……凡此种种说法，高深与粗浅虽然相去很远，但是其把宇宙“人化”，人“宇宙化”却是一致的，李白受了这种思想的洗礼以后，表现在诗里是那样便也毫无足怪了。在道教的范围以内，或者叫我们看了觉得太玄，或者叫我们看了觉得近乎迷信，但是一入于李白的手，表现在文艺中的，我们却只有觉得活泼洒脱，清丽飘逸了。

道教的第三个根本的概念是“自然”。“道”固然是宇宙的主宰了，其性质固然是动的（Dynamic）了，但是其具体的表现却就是自然界。《老子》说：“人法地，地法天，天法道，道法自然”（二十五章）。所以我们明白“自然”，就能多少明白“道”。“自然”是怎么样呢？就是按着“生而不有，为而不恃”的大原则而进行的现象而已。李白观察自然，便也是这种看法：

日出东方隅，似从地底来。历天又复入西海，六龙所舍安在哉？其始与终古不息，人非元气，安得与之久徘徊？草不谢荣于春风，木不怨落于秋天，谁挥鞭策驱四运，万物兴歇皆自然。羲和羲和，汝奚汩没于荒淫之波，鲁阳何德，驻景挥戈？逆道违天，矫诬实多，吾将囊括大块，浩然与溟涬同科。

——《日出入行》

“自然”的性质在积极的意义上虽然不容易说，在消极的意义上却是很明白的，这就是不是人为的，不是强制的，所以说“万物兴歇皆自然了”。李白在另一种机会说“一风鼓群有，万籁各自鸣”（《赠僧崖公》），意思也正相似。猛然一看，好像这种思想和道家的第一个、第二个根本概念冲突，因为既然有所谓“道”了，而且是“运行的”了，何以又说万物都是自然了呢？不过仔细一想，这疑团仍然可解，因为他们所谓“道”，根本是非常广泛，非常根本的，用他们的话说就是“天网恢恢，疏而不失”（《老子》第七十三章），就“疏”言，万物都是自然的，好像没有什么拘束着，但就“不失”言，万物这没有什么拘束着的一事都就正是“道”的作用。

从“自然”的概念出发，便又生出几种思想，一是发现了世界之物质的方面，就是人类也不过是物质世界的一种组合，所以李白说：“腾转风火来，假合作容貌。”（《与元丹丘方城寺谈玄作》）二是又由这物质的认识出发，便有一种同归于尽的感觉，不过物质的世界虽然同归于尽，“道”的原理却不跟着消灭，李白所谓“已矣哉！桂华满兮明月辉，扶桑晓兮白日飞，玉颜减兮蝼蚁聚，碧台空兮歌舞飞，与天道兮共尽，莫不委骨而同归”（《拟恨赋》），其中的“与”字实在是按照的意思，天道却并不会消灭的；三是由于观察自然之“生而不有，为而不恃”的原理，观察自然中春夏秋冬之代谢的消息，推到人事上便是“功成身退”的态度了，《老子》屡言“功成而弗居”（二章），“功遂身退，天之道”（九章），李白也时时有这种思想，他说“吾观自古贤达人，功成不退皆殒身”（《行路难》），“愿一佐明主，功成还旧林”（《留别王司马嵩》），都是这种表现；四是因为主张自然，反对人为，反对强制，于是喜欢真，喜欢淳朴，在《庄子》的《渔父》中有：“真者，所以受于天也，自然不可易也。故圣人法天贵真，不拘于俗。愚者反此，不能法天而恒于人；不知贵真，禄禄而受变于俗。”在李白便也同样有致慨于“朴散不尚古，时讹皆失真”（《酬王补阙惠翼庄庙宋丞泚赠别》）的宣言。凡此四端：物质的，同归于尽的，功成而退的，贵真的，都是由“自然”一概念而来的。

道教的第四个根本概念是“贵生爱身”，即宝贵生命，爱惜身体，这是脱胎在很早的道家里的一种思想，他们想种种方法，凡是危害生命，不利身体的事情都要避免，或者除掉，这种思想的骨子是以自我为中心，他们讲得非常实际，所以《老子》上甚而有“圣人为腹不为目”（十二章）的话，《庄子》上也有“周将处夫材与不材之间”（《山木》）的答，并且“帝王之功，圣人之馀事也”，原故在“非所以定身养生”（《让王》），李白承袭了这种思想，所以也常说藏身的道理：

沐芳莫弹冠，浴兰莫振衣。处世忌太洁，志人贵藏晖。沧浪有钓叟，吾与尔同归。

——《沐浴子》

月色不可扫，客愁不可道。玉露生秋衣，流萤飞百草。日月终销毁，天地同枯槁。蟪蛄啼青松，安见此树老！金丹宁误俗，昧者难精讨。尔非千岁翁，多恨去世早。饮酒入玉壶，藏身以为宝。

——《拟古》

从“贵生爱身”的立场看，就觉得名很不必要，一则名是身外之物，根本不相干，二则有时名反为生与身之累。在《老子》中已经要提醒人“名与身孰亲”（四十四章）了，后来的道家根本不要名，所以才做隐士。以眼前的酒与身后的名比，李白也是宁要酒不要名的：

有耳莫洗颍川水，有口莫食首阳蕨。含光混世贵无名，何用孤高比云月？吾观自古贤达人，功成不退皆殒身。子胥既弃吴江上，屈原终投湘水滨。陆机雄才岂自保，李斯税驾苦不早。华亭鹤唳讵可闻，上蔡苍鹰何足道？君不见吴中张翰称达生，秋风忽忆江东行？且乐生前一杯酒，何须身后千载名？

——《行路难》

笑矣乎！笑矣乎！君不见沧浪老人歌一曲，还道沧浪濯吾足？平生不解谋此身，虚作《离骚》遣人读！笑矣乎！笑矣乎！赵有豫让楚屈平，卖身买得千年名。巢、由洗耳有何益？夷齐饿死终无成。君爱身后名，我爱眼前酒。饮酒眼前乐，虚名何处有？

——《笑歌行》

对于隐士，李白本身就做过，当然更是赞成之不暇了。

我们于此要注意的是道教之很深的现世的功利的色彩，这种精神却合乎人间味极浓厚的李白。

道教的第五个根本概念便是“神仙”。这是与第四个概念有关连的，从“贵生爱身”，便希望长生，“古人得道者，生以长寿，声色滋味，能久乐之”（《吕氏春秋·仲春纪·情欲》），长生的具体化，就是“神仙”了。

在《汉书·艺文志》里，除了道家、房中以外，就还有神仙一项，在其中有这样的话：“神仙者，所以保性命之真，而游求其外者也。聊以荡意平心同死生之域，而无怵惕于胸中。然而或者专以为务，则诞欺怪迂之文，弥以益多，非圣王之所以教也”，可见当时神仙家的一斑。这里提到“性命”二字，尤其抓到神仙家的根本，这是儒教与道教的大不同处，儒家以为性命是固定的，是没有人力可以作用的余地的，道家却以为不然，他们认为性命可以改移，所以主张性命双修。到了葛洪，关于成仙的理论和方法便都完成了，他说：

> 虽有至明，而有形者，不可毕见焉，虽禀极聪，而有声者，不可尽闻焉……虽有禹益齐谐之智，而所识者，未若所不识之众也。万物芸芸，何所不有，况列仙之人，盈乎竹素矣。

不死之道，曷为无之。

——《论仙篇》

若夫仙人以药物养身，以术数延命，使内疾不生，外患不入，虽久视不死，而旧身不改；苟有其道，无以为难也。

——《论仙篇》

仙之可学致，如黍稷可播种得，甚炳然耳。然未有不耕而获嘉禾，未有不勤而获长生度世也。

——《勤求篇》

照他的意思是，神仙不能没有，绝不能因为自己没见就加以否认，其次是人确能够长生，不过要不劳而获是断断不行的。因此他又讲到实际的方法，实际的方法有三种：

欲求神仙，唯当其至要，至要者在于宝精，行炁，服一大药便足，亦不用多也。

——《释滞篇》

宝精是宝贵人们的精，据道家的意见，人们的精，顺流之可以生儿育女，逆用之便能够返乎婴儿而成仙：

房中之法十馀家……其大要在于还精补脑之一事耳。……人欲不可都绝，阴阳不交，则坐致壅阏之病，故幽闭怨旷，多病而不寿也；任情肆意，又损年命，唯有得其节宣之和，可以不损。

——《释滞篇》

行炁或叫服炁就是呼吸吐纳之法，或服天地阴阳之气，所谓餐霞饮露，服食日丹月黄等是，或服自身之气，其中重要的方法便是胎息：

行炁有数法焉。……其大要者胎息而已。得胎息者，能不以鼻口嘘吸，如在胞胎之中，则道成矣。

——《释滞篇》

服一大药，就是金丹：

服药之方，略有千条焉。……一涂之道士，或欲专一交接之术，以规神仙，而不作金丹之大药，此愚之甚矣。

——《释滞篇》

所谓金丹，又有内外之说，外丹的说法是说用金砂水银，烹炼而成，炼愈久，药力愈大，成仙愈速，其中有太清神丹、九鼎丹、五石散等名色，以太清神丹为最上。内丹之说乃是说用肾水中所含的真阳——铅，心火中所含的真阴——汞，以真气调和此二者而成的。关于后者以《参同契》中所说较详，其要点一在调和精、气、神三宝，又以耳、口、鼻为精、气、神三者之门户，须加以固闭，因为多听邪声就摇“精”，多说话便伤“气”，多看会伤“神”，三者关牢，便应当到僻静地方去，训练没有杂念，久而久之，自然会有一种精气神调和而得丹的景象；二在颠倒阴阳，在人身中肾是坎，居下，心是离，居上，修炼的方法便在取坎中的真阳，去填补离中的真阴，得到纯阳的乾，丹道便成了。

因为道教是一种宗教，所以不能不有劝善惩恶的意味，所以除了上述方法之外，就还得守一些戒律，做一些好事才行。

话虽如此，求仙学道也不是人人成功的，其中有许多诀窍只能口授，绝不公开，因此有志的人还要各处寻访，听高明的指教，用他们的术语，就是需要“访道”。受道的时候，则往往受一些符箓，《隋书·经籍志》有：“其受道之法，初受《五千文箓》，次授《三洞箓》，次受《洞玄箓》，次受《上清箓》。箓皆素书，纪诸天曹官属佐吏之名有多少，又有诸符错在其内，文章诡怪，世所不识。”

我们试和李白的行径一对照，他便的确是按着做了的。神仙的有无吧，不用说李白是肯定的，而且时时在羡慕着：

我昔东海上，劳山餐紫霞；亲见安期公，食枣大如瓜。
中年谒汉主，不惬还归家；朱颜谢春晖，白发见生涯。
所期就金液，飞步登云车；愿随夫子天坛上，闲与仙人扫落花。

——《寄王屋山人孟大融》

从“贵生”而“长生”，而“神仙”的过程，李白也正是一个好例证：

黄河走东溟，白日落西海。逝川与流光，飘忽不相待。
春容舍我去，秋发已衰改，人生非寒松，年貌岂长在？
吾当乘云螭，吸景驻光彩。

——《古风》

在实践上，所谓“吸景驻光彩”就是呼吸吐纳之一了，他说：“相煎成苦老，消燥凝津液”（《草创大还赠柳官迪》），就是说炼丹的火候的，至于他说：“早服还丹无世情，琴心三叠道初成”（《庐山谣寄卢侍御虚舟》），正是《黄庭内景经》所谓“三叠琴心化胎仙”，这是说血脉和平之极，圣胎结出，便可以夺造化之功而成仙的光景，所谓“内丹”是。李白又讲“炼丹费火石，采药穷山川”（《留别广陵诸公》），则是“外丹”。余如“访道”和“受箓”，李白也都孜孜不倦，这是我们在前面已经说过的了。

道教的五大根本概念：道、运、自然、贵生爱身和神仙，都处处支配着李白，所以我说李白是一个忠实的道教徒，大概是没有错的了。

我们试着道教演进的趋势，则可以见出是由抽象的而为具体的，由比喻的而为实事的，由玄学的而为科学的，由天上的而为人间的。道教的精神最合乎国人，《南史·顾欢传》有：“佛道齐乎达化，而有夷夏之别。……今以中夏之姓，效西戎之法，既不全同，又不全异，下育妻孥，上绝宗祀，嗜欲之物，皆以礼伸，孝敬之典，独以法屈，悖礼犯顺，曾莫之觉，弱丧忘归，孰识其旧。……佛教文而博，道教质而精，精非粗人所信，博非精人所能，佛言华而引，道言实而抑，抑则明者独进，引则昧者竞前。佛经繁而显，道经简而幽，幽则妙门难见，显则正路易尊，此二法之辨也。”这话就是偏袒道教的。道教的兴起，无疑的是有一种“本位文化”的意味在内，所以它处处和佛对抗。我觉得它之最合乎中国人的口味者，乃在其肯定生活。道教非常现世，非常功利，有浓厚的人间味，有浓厚的原始味。我说李白的本质是生命和生活，所以他之接受道教思想是当然的了。生活上的满足是功名富贵，因此李白走入游侠，生命上的满足只有长生不老，因此李白走入神仙。

第四章 失败了的鲁仲连

——李白的从政

现在要说的，是李白的政治生涯。

倘若我们偶尔一想，李白一生最佩服的人物是谁？恐怕很少有机会想到是鲁仲连。但是倘若仔细翻翻李白的集子，仔细斟酌斟酌鲁仲连的格调，就一定看出李白佩服鲁仲连是很自然的了。这发现之使人惊讶，也许和发现杜甫一生所一心一意要做的人物乃是诸葛亮是一样的出人意表的吧。

在我们看，李白好像是随随便便的一个人物罢了，绝不会太关心实际政治。但是在李白自己看却大不然，他最看不起骚士文人，所以他不赞成屈原：

> 沅湘春色还，风暖烟草绿。古之伤心人，于此肠断续。

予非《怀沙》客，但美《采菱》曲。所愿归东山，寸心于此足。

——《春滞沅湘有怀山中》

他不赞成阮籍：

拨乱属豪圣，俗儒安可通！沉湎呼竖子，狂言非至公。抚掌黄河曲，嗤嗤阮嗣宗。

——《登广武古战场怀古》

他不赞成陶潜：

九日天气清，登高无秋云。造化辟川岳，了然楚汉分。
长风鼓横波，合沓蹙龙文。忆昔传游豫，楼船北横汾。
今兹讨鲸鲵，旌旆何缤纷。白羽落酒樽，洞庭罗三军。
黄花不掇手，战鼓遥相闻。剑舞转颓阳，当时日停曛。
酣歌激壮士，可以摧妖氛。龌龊东篱下，渊明不足群。

——《九日登巴陵置酒望洞庭水军》

即他本人所自负的也是能够治国平天下的本领，也就是所谓“经济”“经纶”“济世”“济时”：

汉道昔云季。群雄方战争。霸图各未立，割据资豪英。

赤伏起颓运，卧龙得孔明。……余亦草间人，颇怀拯物情。

晚途值子玉，华发同衰荣。托意在经济，结交为弟兄。

无令管与鲍，千载独知名。

——《读诸葛武侯传书怀，赠长安崔少府叔封昆季》

一身竟无托，远与孤蓬征。千里失所依，复将落叶并。

中途遇良朋，问我将何行。欲献济时策，此心谁见明？

——《邺中赠王大，劝入高凤石门山幽居》

……吟咏思管乐，此人已成灰。独酌聊自勉，谁贵经纶才？弹剑谢公子，无鱼良可哀。

——《玉真公主别馆苦雨赠卫尉张卿》

……苟无济代心，独善亦何益！……谢公不徒然，起来为苍生。……留侯将绮季，出处未云殊。终与安社稷，功成去五湖。

——《赠韦秘书子春》

他之信任自己，也远过于我们对于他的信任：

大鹏一日同风起，抟摇直上九万里，假令风歇时下来，犹能扬却沧溟水。世人见我恒殊调，见余大言皆冷笑。宣父犹能畏后生，丈夫未可轻年少。

——《上李邕》

三川北虏乱如麻，四海南奔似永嘉。但用东山谢安石，为君谈笑静胡沙。

——《永王东巡歌》

这在我们觉得当然是可笑的，但是李白却很当真。往大处说，他的一片心事是“经纶”“济时”，往小处说，就是“功名”“富贵”，李白说到功名富贵处，也都很坦白率真，“富贵吾自取，建功及春荣”；在他没得到的时候，也便确乎焦急慨叹，“壮志恐蹉跎，功名若云浮”（《忆襄阳旧游赠济阴马少府巨》），“富贵日成疏，愿言杳无缘”（《赠宣城宇文太守兼呈崔侍御》），“功业莫从就，岁光屡奔迫”（《淮南卧病书怀，寄蜀中赵征君蕤》）。这情感确乎不是甘于寂寞的人所能够了解的。

但是我们要知道，这位诗人无论用世的心多么切，他是不愿意受拘束的，他是不愿意在人之下的，做帝王既不可能，便希望做一种和帝王平等的人物。这种人当然只有说客、策士之流，因此他以张仪自况（他有“笑吐张仪舌”语，见《赠崔侍御》），他赞美留侯（他有《经下邳圯桥怀张子房》诗），倘若不幸而如祢衡的下场，他便最伤心了：

魏帝营八极，蚁观一祢衡。黄祖斗筲人，杀之受恶名。
吴江赋鹦鹉，落笔超群英。锵锵振金玉，句句欲飞鸣。
鸷鹗啄孤凤，千春伤我情。五岳起方寸，隐然讵可平。
才高竟何施，寡识冒天刑。至今芳洲上，兰蕙不忍生。

——《望鹦鹉洲悲祢衡》

可是这是很容易遇到的下场，所以他便处处讲究功成而退，处处讲究远祸藏身。我们同时要注意的是李白之要登政治舞台，是没有凭藉的，所以他羡慕平地一声雷的人物，这样的人物例如韩信，因此他又有诗说：

韩信在淮阴，少年相欺凌。屈体若无骨，壮心有所凭。
一遭龙颜君，啸咤从此兴。千金答漂母，万古共嗟称。

而我竟胡为，寒苦坐相仍。长风入短袂，两手如怀冰。
故友不相恤，新交宁见矜？摧残槛中虎，羁绁鞴上鹰。
何时腾风云，抟击申所能？

——《赠新平少年》

不过以李白那样自负之大，自居之高，决不愿意去作揖磕头（虽然事实上仍然免不了），他所希望的自然是有人来请，他希望坐得安安稳稳的，忽然出山，忽然立功，这样，诸葛孔明便是他理想的人物之一了，但更为理想的则是谢安，谢安是李白心目中仅次于鲁仲连的人物。谢安有好几种生活为他所歆羡，首先是高卧，所谓“谢安高卧东山，苍生属望”（《与贾少公书》），其次是像谢安那样“放情丘壑，每游赏必以妓女从”。所以他也有“携妓东土山，怅然悲谢安，我妓今朝如花月，他妓古坟荒草寒”（《东山吟》）的话。倘若一旦真为苍生而起了，他也就最高兴了：

尝高谢太傅，携妓东山门。楚舞醉碧云，吴歌断清猿。
暂因苍生起，谈笑安黎元。余亦爱此人，丹霄冀飞翻。

——《书情赠蔡舍人雄》

他所取于谢安的，大概尤其在其从容轻易的态度，所谓“谈笑安黎元”是，因为李白绝不耐烦如临深渊、如履薄冰的小心翼翼状。在没出山之前，便高卧；既出山之后，则不改旧态，这是李白所向往的：

> 谢安四十，卧白云于东山。桓公累征，为苍生而一起。常与支公游赏，贵而不移。大人君子，神冥契合，正可乃尔。
>
> ——《江夏送倩公归汉东序》

李白既然学过道，于是在进退上也便深深地加过体会，所谓“吾不滞于物，与时推移，出则以平交王侯，遁则以俯视巢、许”，用李白自己的口头禅说，就是“舒卷”。他常说，“功成身不居，舒卷在胸臆”（《商山四皓》），“卷舒固在我，何事空摧残”（《秋日炼药院镊白发，赠元六兄林宗》）；谢安呢，也恰合乎这种理想，他说：

> 安石在东山，无心济天下。一起振横流，功成复潇洒。大贤有舒卷，季叶轻风雅。匡复属何人，君为知音者！
>
> ——《赠常侍御》

但是我说过，为李白所时时刻刻念念不忘的，则是鲁仲连。因为鲁仲连者乃是包括了方才说过的这一切资格。既是说客，又是策士；既是平地一声雷，由平凡而参与政治的，然而并没有杀身之祸，其优哉游哉地过日子，在李白看来，较谢安尤为亲切，况且鲁仲连最后的归宿，也颇像求仙的光景，其出没隐显，不可捉摸，真像龙一样了，所以便更成为李白的崇拜对象了。

我们且看《史记》上记载鲁仲连的话，劈头是："鲁仲连者，齐人也，好奇伟俶傥之画策，而不肯仕宦任职，好持高节。"他一生的大事，一是曾经替赵平原君说服了魏的将令新垣衍，打消了尊秦为帝的举动。他反对的是秦的横暴，他说："彼秦者，弃礼义而上首功之国也，权使其士，虏使其民。"因此即使秦一旦为帝，那么，鲁仲连就说宁可蹈东海而死，不忍为之民，此间难得的是鲁仲连并不是有求于平原君的，他只是为正义，再则是他的口才之强，到底说服了执拗的新垣衍，后来秦军竟因此退了五十里了，又逢巧魏公子无忌为赵解了围，这时平原君便要赏鲁仲连，鲁仲连却笑着说道："所谓贵于天下之士者，为人排患释难解纷乱而无取也，即有取者是商贾之事也，而连不忍为也。"他终于没受赏，反倒辞却平原君，再也不见面了，这是一件事。二是过了二十多年，燕军守着聊城，田单怎么也攻不下，鲁仲连便写了一封信，用箭射入城中，这信竟感动了燕军，聊城就攻下了。田单又要给鲁仲连官做了，但是鲁仲连却又逃开，是逃到海上，他说："吾与富贵而诎于人，宁贫贱而轻世肆志焉。"这便是鲁仲连的一生。

倘若我们仔细一想的话，我们也要佩服鲁仲连的吧，既主张正义，又有才干，同时我们也不禁羡慕了，既成功，却又得到自由。李白对于鲁仲连更是五体投地的。以鲁仲连与谢安比，大概谢安萧洒有之，却缺少豪气，他没有鲁仲连那种游侠的精神；以奇论，他又似乎没有鲁仲连那么奇特；以结果论，谢安是病死了而已，鲁仲连却逃到海上，没有下文；更难得的是，这海上却正是神仙家向往的所在；对于权势吧，谢安不过能看得很淡而已，鲁仲连却进一步，对有权势的人能够加以折服。有此种种，所以李白看鲁仲连，便更在谢安之上了。

在性格上，李白先引为同调：

齐有倜傥生，鲁连特高妙。明月出海底，一朝开光曜。
却秦振英声，后世仰末照。意轻千金赠，顾向平原笑。
吾亦澹荡人，拂衣可同调。

——《古风》

他到了山东了，也特别怀想鲁仲连：

> 谁道太山高，下却鲁连节。谁云秦军众，摧却鲁连舌。
> 独立天地间，清风洒兰雪。夫子还倜傥，攻文继前烈。
> 错落石上松，无为秋霜折。赠言镂宝刀，千岁庶不灭。
>
> ——《留别鲁颂》

对于鲁仲连的“节”，他有很深的敬意；对于鲁仲连的“舌”，他在由衷地佩服。

李白未从事政治以前，想到鲁仲连：“我以一箭书，能取聊城功。终然不受赏，羞与时人同”（《五月东鲁行答汶上翁》）。他在有所谋画时，想到鲁仲连：“恨无左军略，多愧鲁连生”（《闻李太尉大举秦兵百万出征东南，懦夫请缨，冀申一割之用，半道病还，留别金陵崔侍御》）。讲到谈笑时，他想起鲁仲连“鲁连擅谈笑”（《献从叔当涂宰阳冰》）。他赞美别人时，还是鲁仲连“心齐鲁连子”（《送王屋山人魏万还王屋》）。

鲁仲连之不为金钱所动，李白尤其在心上，所以他常说：“鲁连逃千金，珪组岂可酬”（《赠崔郎中宗之》），“鲁连卖谈笑，岂是顾千金”（《留别王司马嵩》）。而鲁仲连之恬然而退的态度，因为合乎道家的思想，所以李白简直就认为可以与老子并列了：

抱玉入楚国，见疑古所闻。良宝终见弃，徒劳三献君。直木忌先伐，芳兰哀自焚。盈满天所损，沉冥道为群。东海沉碧水，西关乘紫云。鲁连及柱史，可以蹑清芬。

——《古风》

以鲁仲连与老子并列，恐怕这是在道教徒李白的观点下，再没有别人能够得到同样荣誉的了。

鲁仲连既为李白之最理想的人物，所以李白之从政史，简直就可以说是他之学鲁仲连史。他头一次露头角便是他二十岁去见苏长史的事，其实他这次没做出什么，不过得到了一点奖语而已。他正式开始做政治活动是离开家乡，到了湖北；那时有他初出家门的诗：

渡远荆门外，来从楚国游。山随平野尽，江入大荒流。月下飞天镜，云生结海楼。仍怜故乡水，万里送行舟。

——《渡荆门送别》

在《代寿山答孟少府移文书》里，也可以见他在求仙学道与政治热的起伏中而又想用世的心情：

近者逸人李白，自峨眉而来尔，其天为容，道为貌，不屈已，不干人，巢、由以来，一人而已。乃虬蟠龟息，遁乎此山。仆尝弄之以绿绮，卧之以碧云，嗽之以琼液，饵之以金砂。既而童颜益春，真气愈茂，将欲倚剑天外，挂弓扶桑，浮四海，横八荒，出宇宙之寥廓，登云天之渺茫。俄而李公仰天长吁，谓其友人曰："吾未可去也。吾与尔达则兼济天下，穷则独善一身。安能餐君紫霞，荫君青松，乘君鸾鹤，驾君虬龙，一朝飞腾，为方丈、蓬莱之人耳。此则未可也。"乃相与卷其丹书，匣其瑶瑟，申管、晏之谈，谋帝王之术。奋其智能，愿为辅弼，使寰区大定，海县清一。事君之道成，荣亲之义毕，然后与陶朱、留侯，浮五湖，戏沧州，不足为难矣。

这大概是他二十五六岁时候的事。这时他开始流浪于襄汉、洞庭、金陵、扬州、汝海之间。他的生活，是一种食客的生活，所谓"遍干诸侯，历抵卿相"是，倒真有点像鲁仲连了，不过却没有什么建树，而且时时遭人们的毁谤，做食客也并做不稳定；不知不觉间，他却已经三十了。中间以在安陆（湖北钟祥）为最久，他有“酒隐安陆，蹉跎十年”（《秋于敬亭送从侄耑游庐山序》）的话，其不得意是可以想见的。

三十五岁这一年他到过太原。

他之真正踏入政治舞台，是天宝元年（公元七四二年），他四十二岁了，得以入京。他原先在会稽，和道士吴筠在一起，吴筠因为应召到了长安，由于玉真公主之力，便也荐他出仕。他在刚去的时候，曾很得意地作了几首诗：

出门妻子强牵衣，问我“西行几日归”？
来时倘佩黄金印，莫见苏秦不下机？

——《别内赴征》

白酒新熟山中归，黄鸡啄黍秋正肥。
呼童烹鸡酌白酒，儿女歌笑牵人衣。
高歌取醉欲自慰，起舞落日争光辉。
游说万乘苦不早，著鞭跑马涉远道。
会稽愚妇轻买臣，余亦辞家西入秦。
仰天大笑出门去，我辈岂是蓬蒿人。

——《南陵别儿童入京》

我们要知道他是过了四十岁的人了，“游说万乘苦不早”，可见他一直没得到施展过。因为他想入世的心甚深，所以他的苦恼便特大。“仰天大笑出门去，我辈岂是蓬蒿人”，好像很狂，却是很真，也很苦。

他到了长安，很受当时皇帝玄宗的优待，见他的时候，是亲自下了辇，步行迎他，并且请他吃饭，亲自为他调羹，当时问他说：“卿是布衣，名为朕知，非素蓄道义，何以及此！”从此以后，便当“翰林供奉”了。所谓翰林供奉是唐朝有一才一艺的便可以供奉内庭的一种从官。我觉得他的地位倒很像屈原，他曾经草拟过《出师诏》《答蕃书》，这也很像屈原那样“图议国事，以出号令”的光景。传说他草拟《出师诏》的时候，正醉得很厉害，但是文章却仍一草而就，不加修改。

那件很风流很脍炙人口的事，却是他写《清平调》三章的一段。那时宫里新有的牡丹盛开，是四棵：红的，紫的，浅红的，完全白的，皇帝便叫人移在兴庆池东沉香亭前边来。有一次当花开得最好了，皇帝和杨贵妃便乘着夜深在园里赏花。招呼了十六个唱得很好的孩子，由大音乐家李龟年领导着，正要歌唱，皇帝忽然觉得情景太好了，这么好的花儿，这么好的美人，深感旧歌词是不能表达这种情趣的，于是让李龟年拿着金花笺，专请李白作几首新歌出来。李白又是没醒酒的光景，不过立刻答应了，而且立刻交卷了，这便是那所谓《清平调》三章的名作：

云想衣裳花想容，春风拂槛露华浓。
若非群玉山头见，会向瑶台月下逢。

一枝秾艳露凝香，云雨巫山枉断肠。
借问汉宫谁得似，可怜飞燕倚新妆！

名花倾国两相欢，长得君王带笑看。
解释春风无限恨，沉香亭北倚阑干。

当时把这新歌词唱了，杨贵妃拿起了玻璃七宝杯，喝着西凉州的葡萄酒，很满意地对于歌词笑着加以领受。唐明皇则吹着笛子，每当要换调子的时候，便故意迟缓一下，也向杨贵妃笑着。杨贵妃喝完了酒，便撩起裙子来，特别又向唐明皇行礼道谢。从此以后，唐明皇当然更高看李白了，对他格外优待。

不过他的不幸也就种在这幸运的一幕里。这是因为李白曾经让当时的宦官高力士脱过靴子，高力士当时虽然服从，做了，但却终于怀恨在心，于是当杨贵妃又唱《清平调》的歌词的时候，便对李白加了坏话。他故意问杨贵妃说："我原以为妃子应该怨李白了，为什么妃子还这么念念不忘呢？"这么一问，杨贵妃果然莫名其妙了，高力士因而说："他把你比作赵飞燕，还不是骂你吗？"杨贵妃一想，很对呵，所以此后唐明皇好几次要重用李白，都被杨贵妃破坏了。这件事虽然不敢说是李白唯一在政治上失败的原因，但至少是失败的重要原因之一。

李白在长安的交游很多，尤其著称的，是所谓"酒中八仙"，杜甫有《饮中八仙歌》，可以见出当时的盛况。

> 知章骑马似乘船，眼花落井水底眠。汝阳三斗始朝天，道逢麹车口流涎，恨不移封向酒泉。左相日兴费万钱，饮如长鲸吸百川，衔杯乐圣称世贤。宗之萧洒美少年，举觞白眼望青天，皎如玉树临风前。苏晋长斋绣佛前，醉中往往爱逃禅。李白一斗诗百篇，长安市上酒家眠，天子呼来不上船，自称臣是酒中仙。张旭三杯草圣传，脱帽露顶王公前，挥毫落纸如云烟。焦遂五斗方卓然，高谈雄辩惊四筵。

知章是贺知章，一见李白就呼为"谪仙人"的，大概和李白尤其同调了。他在长安的生活，简直就是一个酒徒的生活，他有许多关于酒的诗，都是这时作的：

天若不爱酒，酒星不在天。地若不爱酒，地应无酒泉。天地既爱酒，爱酒不愧天。已闻清比圣，复道浊如贤。贤圣既已饮，何必求神仙？三杯通大道，一斗合自然。但得酒中趣，勿为醒者传。

三月咸阳时，千花昼如锦。谁能春独愁，对此径须饮。穷通与修短，造化夙所禀。一樽齐死生，万事固难审。醉后失天地，兀然就孤枕。不知有吾身，此乐最为甚。

穷愁千万端，美酒三百杯。愁多酒虽少，酒倾愁不来。所以知酒圣，酒酣心自开。辞粟卧首阳，屡空饥颜回。当代不乐饮，虚名安用哉！蟹螯即金液，糟丘是蓬莱。且须饮美酒，乘月醉高台。

从前人说陶潜诗篇篇有酒，其实李白或者更可以当得起这句话的。而且我觉得像李白在这里所说的“醉后失天地，兀然就孤枕”“酒倾愁不来”“酒酣心自开”，这种非饮酒的人不能有的体会，就是陶潜却也还没写过。

从李白在长安之耽于酒徒的生活看，我们可以想象他过的日子并不是太随心的。他虽然用世之心很切，然而终于这生活背于他的性格：

晨趋紫禁中，夕待金门诏。观书散遗帙，探古穷至妙。片言苟会心，掩卷忽而笑。青蝇易相点，《白雪》难同调。本是疏散人，屡贻褊促诮。云天属清朗，林壑忆游眺。或时清风来，闲倚栏下啸。严光桐庐溪，谢客临海峤。功成谢人君，从此一投钓。

——《翰林读书言怀，呈集贤院内诸学士》

在“片言苟会心，掩卷忽而笑”的书呆子，当然会逢到“屡贻褊促诮”的，况且又“本是疏散人”呢？有种捉襟见肘的苦闷在蓄积着，这是不言而喻的。

因此他虽然在热闹场中，却隐然有去志，得到入世，便又想要出世了：

出门见南山，引领意无限。秀色难为名，苍翠日在眼。有时白云起，天际自舒卷。心中与之然，托兴每不浅。何当造幽人，灭迹栖绝巘？

——《望终南山寄紫阁隐者》

暮从碧山下，山月随人归。却顾所来径，苍苍横翠微。相携及田家，童稚开荆扉。绿竹入幽径，青萝拂行衣。欢言得所憩，美酒聊共挥。长歌吟松风，曲尽河星稀。我醉君复乐，陶然共忘机。

——《下终南山过斛斯山人宿置酒》

倘若一个人对社会国家不关切，纯粹不想用世，这不够一个诗人；但倘若一个人果然用世了，却能够和愚妄的社会合作得来，却也不够一个诗人。李白的热情使他不甘于寂寞，李白的纯真却又使他不能妥协。

李白在长安不过三年，便只好出走了。他有《初出金门寻王侍御不遇，咏壁上鹦鹉》诗："落羽辞金殿，孤鸣托绣衣。能言终见弃，还向陇山飞。"这是才离开长安时作的。他又开始了他的流浪生活了，不过在寂寞中却还是跃跃欲试地再想从政：

我浮黄河去京关，挂席欲进波连山。天长水阔厌远涉，访古始及平台间。平台为客忧思多，对酒遂作《梁园歌》。却忆蓬池阮公咏，因吟"渌水扬洪波"。洪波浩荡迷旧国，路远西归安可得？人生达命岂假愁，且饮美酒登高楼。平头奴子摇大扇，五月不热疑清秋。玉盘杨梅为君设，吴盐如花皎白雪。持盐把酒但饮之，莫学夷、齐事高洁。昔人豪贵信陵君，今人耕种信陵坟。荒城虚照碧山月，古木尽入苍梧云。梁王宫阙今安在，枚、马先归不相待。舞影歌声散渌池，空馀汴水东流海。沉吟此事泪满衣，黄金买醉未能归。连呼五白行六博，分曹赌酒酣驰晖。歌且谣，意方远，东山高卧时起来，欲济苍生未应晚。

——《梁园吟》

这便又是老调了，还是想“欲济苍生”。想虽然这样想，流浪却还得流浪。这期间他又到了金陵，有作的诗是：

凤凰台上凤凰游，凤去台空江自流。
吴宫花草埋幽径，晋代衣冠成古丘。
三山半落青天外，一水中分白鹭洲。
总为浮云能蔽日，长安不见使人愁。

——《登金陵凤凰台》

可见他一时一刻没忘了要回到长安去，只是遭小人之忌，又难于和小人们周旋而已。他又重到过山东，逢巧有他的族弟要到长安去了，他便很感慨地写着他的心事：

尔从咸阳来，问我何劳苦。沐猴而冠不足言，身骑土牛滞东鲁。况弟欲行凝弟留，孤飞一雁秦云秋。坐来黄叶落四五，北斗已挂西城楼。丝桐感人弦亦绝，满堂送客皆惜别。卷帘见月清兴来，疑是山阴夜中雪。明日斗酒别，惆怅清路尘。遥望长安日，不见长安人。长安宫阙九天上，此地曾经为近臣。一朝复一朝，白发心不改。屈平颠顇滞江潭，亭伯流离放辽海。折翮翻飞随转蓬，闻弦虚坠下霜空。圣朝久弃青云士，他日谁怜张长公。

——《单父东楼秋夜送族弟况之秦时凝弟在席》

“长安宫阙九天上，此地曾经为近臣”，一切已经陷在回忆中了。他继续在各地流浪，到过燕，到过赵，到过邠、岐，到过会稽、淮泗，徘徊于梁、宋之间，有十年的光阴消耗在漫游里。这时他最大的收获也许是在山东所受的道箓吧，可是他已经成了五十四岁的老人了。

霹雳一声，出了一件大事变，这就是天宝之乱。这是天宝十四载（公元七五五年）的事。我们知道，在一个普通人遇见这一次大事变，还要震动，何况情感那么容易激动的诗人李白！所以他既忧愁，又愤怒：

西上莲花山，迢迢见明星。素手把芙蓉，虚步蹑太清。霓裳曳广带，飘拂升天行。邀我登云台，高揖卫叔卿。恍恍与之去，驾鸿凌紫冥。俯视洛阳川，茫茫走胡兵。流血涂野草，豺狼尽冠缨。

——《古风》

这首诗很能代表李白，因为又是天上，又是地下，正表现他时时没忘了超出人间，但又时时没忘情于人间。当安禄山带着胡汉杂军从北方进到洛阳一带，又西进，眼看入了长安的时候，玄宗便逃入蜀中。这时国家危急万分，入蜀当然是下策，因为如此更失却镇定国家的力量，所以很多人便反对这件事。李白作《蜀道难》，诗家多以为为玄宗作，我觉得很对，他处处说蜀道的艰难，中间屡屡点明："问君西游何时还？""嗟尔远道之人胡为乎来哉？""锦城虽云乐，不如早还家。"他是真在着急得没法没法的了。我们想，李白是在四川生长起来的，对于四川的地势本不必这样大惊小怪；倘若真为一个友人而作，这友人非有极大的事件，不值得他这种担心和叮嘱；况且他又说："剑阁峥嵘而崔嵬，一夫当关，万夫莫开，所守或匪人，化为狼与豺；朝避猛虎，夕避长蛇，磨牙吮血，杀人如麻。"这当然是指着政变，又明明指责当时用人的不当了。李白这时是在宣城一带，因为越不在跟前，便越发代为忧虑，所以他说："侧身西望长咨嗟。"李白和皇帝的关系，颇如屈原和皇帝的关系，他们几乎超乎君臣，而近于友情。因为他们是在一块玩，曾赏过同样的花，曾守着过同样的美人，一旦为小人所离间，又逢到出了乱子，当然在感情上很有动于衷。倘若我们不从这一点去体会，我们没法了解诗人的心情。现代人只知道他们忠君就嗤为奴性的，固然不能明白他们，但从前人所认为的他们的"忠君"，也何尝不隔一层？

李白刚离开长安不久，已经是"长安不见使人愁"了，现在那情景自然又不同，所以几乎处处伤心：

> 胡人吹玉笛，一半是秦声。十月吴山晓，《梅花》落敬亭。
> 愁闻《出塞》曲，泪满逐臣缨。却望长安道，空怀恋主情。
>
> ——《观胡人吹笛》

李白这时过着一种逃难的生活，例如他有《宿五松山下荀媪家》诗：

> 我宿五松下，寂寥无所欢。田家秋作苦，邻女夜舂寒。
> 跪进凋葫饭，月光明素盘。令人惭漂母，三谢不能餐。

凋葫就是菱白，大概是饭里搀的一种菜，我们很可以想象他是饥不择食了。[1]他又有《经乱后将避地剡中，留赠崔宣城》：

……中原走豺虎，烈火焚宗庙。……四海望长安，嚬眉寡西笑。苍生疑落叶，白骨空相吊。连兵似雪山，破敌谁能料。……闷为洛生咏，醉发吴越调。……无以墨绥苦，来求丹砂要。华发长折腰，将贻陶公诮。

从诗里看，这时的时局还没有一线曙光，他因为政治上的变动，又感到渺茫了，所以便又想学陶潜，又想学神仙。不过，在这“短服改胡衣”，“俗变羌胡语”的局面下，他没忘了要做鲁仲连：

谈笑三军却，交游七贵疏。
仍留一只箭，未射鲁连书。

——《奔亡道中》

这真是能令我们失笑的。

① 一般认为“凋葫饭”应解释为菰米饭。——编者注

时局不能一天平靖下来，他继续他的奔亡生活。这时唐肃宗在灵武（属于现在的宁夏）即位了，已经改元为至德元载（公元七五六年），李白也五十六岁。他到了庐山。有玄宗的第十六子所谓永王璘的，原先是荆州大都督，这时奉诏任山东南路及岭南、黔中、江南西路四道节度采访等使，因为看见江南富庶，又加上部下怂恿，就想独立起来。李白是当时的名人喽，便遭了劫持，从庐山被迫入永王的水军之中。这时他有作的《在水军宴韦司马楼船观妓》《在水军宴赠幕府诸侍御》，在后者里便有下面这样的话！

……浮云在一决，誓欲清幽燕，愿与四座公，静谈《金匮篇》。齐心戴朝恩，不惜微躯捐。所冀旄头灭，功成追鲁连。

可见李白的国家意识很强，他想“清幽燕”，同时又见他时时想实现他学鲁仲连的理想。

不过这一次从政又失败了，原因是永王璘独立失败了。这次失败得快，只是次年的事，就是公元七五七年，李白五十七岁了。李白也随着逃亡，逃到彭泽，却被捕了，入了浔阳狱。他在狱中有《上崔相涣》的诗：“邯郸四十万，同日陷长平。能回造化笔，或冀一人生。“这是说他原想以文字之力，而救苍生的，不过失败被捕了，这被捕却有点冤枉，他所以又说：“毛遂不堕井，曾参宁杀人。”这时他愤慨之极，又作有《万愤词投魏郎中》，他说：“兄九江兮弟三峡，悲羽化之难齐。穆陵关北愁爱子，豫章天南隔老妻。一门骨肉散百草，遇难不复相提携。”穆陵是山东沂水，豫章是南昌，老妻和爱子，可以说都在天南地北了。他又说：“树榛拔桂，囚鸾宠鸡。”家庭的亲人既隔绝如彼，世界上愚妄的人又不辨别是非如此，所以李白真受了无限的委屈，他便更激昂地说：“德自此衰，吾将安栖，好我者恤我，不好我者何忍临危而相挤。”在这世界上往往事情是如此不可解的，和我们好的救我们，又和我们好的不救我们也就罢了；然而不然，他们还要更进一步，乃是加以陷害。——这回却苦了我们这位“鲁仲连”了！

幸而宣慰大使崔涣和御史中丞宋若思为他推复清雪。逢巧若思带兵到河南，便把他放了，并请他参谋军事，他这时有诗道：

> 独坐清天下，专征出海隅。九江皆渡虎，三郡尽还珠。
> 组练明秋浦，楼船入郢都。风高初选将，月满欲平胡。
> 杀气横千里，军声动九区。白猿惭剑术，黄石借兵符。

戎虏行当剪，鲸鲵立可诛。自怜非剧孟，何以佐良图？

——《中丞宋公以吴兵三千赴河南，军次浔阳，脱余之囚参谋幕府，因赠之》

从“戎虏行当剪，鲸鲵立可诛”看来，李白大概也颇实用，而且能够着眼在大处，后人却只注意他放浪于酒了，所以不能认识他这治事一方面的才能。

宋若思这时不特请他参谋幕府，还要荐他到朝廷里去，我们现在在李白的集子中还存有宋若思的那篇《荐表》，文却是由李白代笔：

臣某闻天地闭而贤人隐，云雷屯而君子用。臣伏见前翰林供奉李白，年五十有七。天宝初，五府交辟，不求闻达。亦由子真谷口，名动京师。上皇闻而悦之，召入禁掖。既润色于鸿业，或间草于王言。雍容揄扬，特见褒赏。为贱臣诈诡，遂放归山。闲居制作，言盈数万。属逆胡暴乱，避地庐山。遇永王东巡胁行，中道奔走。却至彭泽，具已陈首前后，经宣慰大使崔涣及臣推覆清雪，寻经奏闻。……臣所荐李白，实审无辜，怀经济之才，抗巢、由之节，文可以变风俗，学可以究天人，一命不沾，四海称屈。……

昔四皓遭高皇而不起，翼惠帝而方来。君臣离合，亦各有数，岂使此人名扬宇宙，而枯槁当年？传曰：举逸人而天下归心。伏惟陛下回太阳之高晖，流覆盆之下照，特请拜一京官。献可替否，以光朝列，则四海豪俊，引领指归，不胜凄凄之至，敢陈荐以闻。

但是这一篇《荐表》并没有反响，反倒是不幸的事件来到了。是在乾元元年（公元七五八年），朝廷终于因为李白参加永王的事件不能释然，便把这位五十八岁的诗人要流放到夜郎去了。李白回忆起从前的时候：

昔在长安醉花柳，五侯七贵同杯酒。气岸遥凌豪士前，风流肯落他人后？夫子红颜我少年，章台走马著金鞭。文章献纳麒麟殿，歌舞淹留玳瑁筵。与君自谓长如此，宁知草动风尘起。函谷忽惊胡马来，秦宫桃李向胡开。我愁远谪夜郎去，何日金鸡放赦回。

——《流夜郎赠辛判官》

十几年的工夫，国家的变化那么大，自己的遭遇这么飘零！夜郎是在贵州的北都桐梓县一带的，当他走到江夏的时候，便作有《流夜郎至江夏，陪长史叔及薛明府，宴兴德寺南阁》诗，又有《泛沔州城内郎官湖》诗，在后者的序中有“乾元岁秋八月，白迁于夜郎”的字样。他到了上峡，又有《流夜郎至西塞驿寄裴隐》诗。路上，他又想起秋浦（现在安徽南部至德县）一带的风光来了，他不能忘情。

> 桃花春水生，白石今出没。摇荡女萝枝，半挂青天月。
> 不知旧行径，初拳几枝蕨。三载夜郎还，于兹炼金骨。
>
> ——《忆秋浦桃花旧游，时窜夜郎》

政治上的打击既然那样，所以他又想到做神仙。他原先以为要流放三年的，所以他说“三载夜郎还”。然而谁知道又出了他的意料之外的是，在次年（乾元二年），却遇赦了。另一种说法，则说是本来当诛，由于郭子仪的力量（李白生前救过郭子仪的），以去就争，才保全了性命（宋乐史《李翰林别集序》）。我觉得这也并非不可能，只是他被放到夜郎，还没等走到，就被赦还了，这却是毫无问题的，这在他的作品中可以考见。例如，他有《流夜郎半道承恩放，还兼欣克复之美. 书怀示息秀才》诗：

……得罪岂怨天，以愚陷网目。鲸鲵未剪灭，豺狼屡翻覆。悲作楚地囚，何由秦廷哭！遭逢二明主，前后两迁逐。去国愁夜郎，投身窜荒谷。半道雪屯营，旷如出鸟笼。遥欣克复美，光武安可同？天子巡剑阁，兄皇守扶风。……左扫因右拂，旋收洛阳宫。回舆入咸京，席卷六合通。……大驾还长安，两日忽再中。一朝让宝位，剑玺传无穷。愧无秋毫力，谁念矍铄翁？弋者何所慕，高飞仰冥鸿。弃剑学丹砂，临炉双玉童。寄言息夫子，岁晚陟方、蓬。

这时国家的秩序已经渐次恢复，玄宗和肃宗也都回了长安，玄宗便立时让位于肃宗，诗中就是指这些事。“遭逢二明主，前后两迁逐”，指上次玄宗听谗逐放，和这次肃宗要加以远流。上次的逐放不很严重，只是不得接近而已，地点也不确定，这次严重多了。这情形和屈原的遭遇太相像了。

李白被赦以后，便又回到江夏一带，失意之余，就好像旷达起来：

去岁左迁夜郎道，琉璃砚水长枯槁。

今年敕放巫山阳，蛟龙笔翰生辉光。

圣主还听《子虚赋》，相如却欲论文章。

愿扫鹦鹉洲，与君醉百场。

啸起白云飞七泽，歌吟绿水动三湘。

莫惜连船沽美酒，千金一掷买春芳。

——《自汉阳病酒归寄王明府》

其实他是很苦闷的，因为他处处不得伸展，已经五十九岁的人了，一切抱负眼看就是一串幻影。在别人这时或者颓唐，或者恬淡了的吧，然而因为是李白，李白那生命力，那对于生活的要求，却依然催动着他，支配着他，而且依然十分强烈，所以不但不颓唐，不恬淡，反而使他觉得一旦不如意了，则不惜破坏一切，打倒一切：

胡骄马惊沙尘起，胡雏饮马天津水。君为张掖近酒泉，我窜三巴九千里。天地再新法令宽，夜郎迁客带霜寒。西忆故人不可见，东风吹梦到长安。宁期此地忽相遇，惊喜茫如堕烟雾。玉箫金管喧四筵，苦心不得伸一句。昨日绣衣倾绿樽，病如桃李竟何言！昔骑天子大宛马，今乘款段诸侯门。赖遇南平豁方寸，复兼夫子持清论。有似山开万里云，四望青天解人闷。人闷还心闷，苦辛长苦辛。愁来饮酒二千石，寒灰重暖生阳春。山公醉后能骑马，别是风流贤主人。头陀云月多僧气，山水何曾称人意。不然鸣笳按鼓戏沧流，呼取江南女儿歌棹讴。我且为君捶碎黄鹤楼，君亦为我倒却鹦鹉洲。赤壁争雄如梦里，且须歌舞宽离忧！

——《江夏赠韦南陵冰》

到了这时候，就是平常爱的大自然也不好起来了，“头陀云月多僧气”，觉得腻得慌；“山水何曾称人意”，觉得也不足以安慰内心的烦闷与焦急，所以只有找什么东西来捶碎了吧，找什么东西来倒却了吧，这真是一个活人的情感！我们不要忘了的，这是发自一个五十九岁的老人！所以，我们可以看出李白生命力之丰盛为何如，李白之能够始终代表了青年人的新鲜血液处为何如了！我们在这机会，又不妨拿李义山和李白做一个比较了，他们同是情感上极其发达的人物，但是李义山的力量永远向里边缩，永远像蚕一样，作茧自缚，真是“春蚕到死丝方尽”似的；李白却不然，他的力量永远往外面施放，所以一不如意，他就要毁灭一切了！同是不如意，在李义山只有悲哀，但是在李白却是加上烦躁，因为李白为那要求一切的生命力所激扰故！

李白这次重又徘徊在江夏了，但却仍没忘了要当鲁仲连，他有《江夏寄汉阳辅录事》诗：

> 谁道此水广，狭如一匹练。江夏黄鹤楼，青山汉阳县。
> 大语犹可闻，故人难可见。君草陈琳檄，我看鲁连箭。
> ………

只是这位鲁仲连的箭却始终没有发的机会。

所有包括了李白到此为止的生活经历的，是见之于他那《经乱离后，天恩流夜郎，忆旧游书怀赠江夏韦太守良宰》八百多字的长诗。开头说"……仙人抚我顶，结发受长生"，这是说自幼学道的；接着，"误逐世间乐，颇穷理乱情。……试涉霸王略，将期轩冕荣"，这是说他三十多岁在安陆流落的一段，想用世的；然而，"时命乃大谬，弃之海上行"，因为不得志，便到了山东；至于用世方面的准备功夫，则感到"学剑翻自哂，为文竟何成！"但是因为自己的文章却确乎有名了，这时已经是"文窃四海声"，便得以入京，既入京，却又幻灭，只好出走，那时是"儿戏不足道，五噫出西京。临当欲去时，慷慨泪沾缨"。他已是四十岁以上的人了；以后说他到了北方，"十月到幽州，戈鋋若罗星。君王弃北海，扫地借长鲸。呼吸走百川，燕然可摧倾”。这是说他对安禄山的谋乱已经观察出来了，不过“心知不得语，却欲栖蓬瀛”。说既不能说，便又想学仙远祸；他很慨叹于自己才具之没人赏识，所以他说：“无人贵骏骨，绿耳空腾骧，乐毅倘再生，于今亦奔亡。”没了办法，便只好享乐了，过一种“贤豪间青娥，对烛俨成行。醉舞纷绮席，清歌绕飞梁”的生活；不久果然天宝之乱作，“炎凉几度改，九土中横溃。汉甲连胡兵，沙尘暗云海。草木摇杀气，星辰无光彩。白骨成丘山，苍生竟何罪”。因为用人不当，措置不宜，结果，“二圣出游豫，两京遂丘墟”。皇帝和太子也逃亡了，洛阳和长安也让给贼寇了；这便到了永王璘被召节制江南的时候，那混乱的情形“人心失去就，贼势腾风雨”，恐怕谁也没有主张了；而李白却正在庐山又要修道炼丹，“仆卧香炉顶，餐霞漱瑶泉。门开九江转，枕下五湖连”，刚有点得意，只因为他的名太大了，便被胁迫了去，“半夜水军来，浔阳满旌旗。空名适自误，迫胁上楼船”。他这一回真要学鲁仲连了，想不要官，不要钱，然而并不行，“徒赐五百金，弃之若浮烟，辞官不受赏，翻谪夜郎天”，结果还得要流亡到夜郎去。他形容他所到地方的景色，并叙他那时的心情，“樊山霸气尽，寥落天地秋。江带峨眉雪，川横三峡流。万舸此中来，连帆过扬州。送此万里目，旷然散我愁。纱窗倚天开，水树绿如发，窥日畏衔山，促酒喜得月”。在失意中而旷达，这正是李白的本色。最后则说到：“传闻赦书至，却放夜郎回。”所有这一切几乎是他一生的生活之缩影。倘若在别人，已经快六十岁了，失败得已经够受了，似乎可以死心，却因为李白并不是以“自了汉”为满足的，他这时却依然“中夜四五叹，常为大国忧”，并且还希望“安得弄华射，一箭落旄头！”一个人之有价值，也正在这超乎自己利害以上的一点痴情，诗人之所以为诗人尤其于此系之！

李白的政治生涯（假若说有的话），到这里已经成了尾声。他在江夏没有多久，就又到了浔阳，我想那有名的《庐山谣》，应该作于此时：

我本楚狂人，凤歌笑孔丘。手持绿玉杖，朝别黄鹤楼。五岳寻仙不辞远，一生好入名山游。庐山秀出南斗傍，屏风九叠云锦张，影落明湖青黛光。金阙前开二峰帐，银河倒挂三石梁。香炉瀑布遥相望，回崖沓嶂凌苍苍。翠影红霞映朝日，鸟飞不到吴天长。登高壮观天地间，大江茫茫去不还。黄云万里动风色，白波九道流雪山。好为庐山谣，兴因庐山发。闲窥石镜清我心，谢公行处苍苔没。早服还丹无世情，琴心三叠道初成。遥见仙人彩云里，手把芙蓉朝玉京。先期汗漫九垓上，愿接卢敖游太清。

他说朝别黄鹤楼，正是由江夏、岳阳一带而来。他又到过金陵，次则往来于宣城、历阳二郡（都是安徽南部）之间，最后依着他的族叔李阳冰，住在当涂，李阳冰当时是当涂令。他作的《九日龙山饮》：

九日龙山饮，黄花笑逐臣。
醉看风落帽，舞爱月留人。

和《九月十日即事》：

昨日登高罢，今朝更举觞，
菊花何太苦，遭此两重阳。

即作于这时。这已经是宝应元年（公元七六二年）了。四月，代宗立，代宗搜罗贤人，便拜他为左拾遗，可是命令刚下不久，李白就在当涂死了。这是当年十一月的事，李白死时六十二岁。

在人间热烈地追求了一生的李白却终于寂寞地离开了！“东山高卧时起来，欲济苍生未应晚”“却秦振英声，后世仰末照”，这些曾经强烈地作为追求的对象者，结果换来了空虚和渺茫，诗人之成为诗人固然确定了，事业终于陷在模糊的幻灭中了。

第五章　李白的文艺造诣与谢朓

像李白在事业上有他唯一的向往人物鲁仲连一样，在文艺上也有他最崇拜的一个人物，这便是谢朓。他在集中提到谢朓的时候非常之多，特别是到了谢朓所常到的地方，便更令他追怀无穷：

江城如画里，山晚望晴空。两水夹明镜，双桥落彩虹。
人烟寒橘柚，秋色老梧桐。谁念北楼上，临风怀谢公。
——《秋登宣城谢朓北楼》

谢亭离别处，风景每生愁。客散青天月，山空碧水流。
池花春映日，窗竹夜鸣秋。今古一相接，长歌怀旧游。
——《谢公亭》（盖谢朓、范云之所游）

李白的晚年，从夜郎之放被赦回以后，便徘徊于宣城附近，大概也就正因为宣城是谢朓的足迹所在的缘故了。在李白追怀谢朓的诗中，尤其以《宣州谢朓楼饯别校书叔云》为最佳：

> 弃我去者，昨日之日不可留；乱我心者，今日之日多烦忧。长风万里送秋雁，对此可以酣高楼。蓬莱文章建安骨，中间小谢又清发。俱怀逸兴壮思飞，欲上青天揽明月。抽刀断水水更流，举杯消愁愁更愁。人生在世不称意，明朝散发弄扁舟。

李白对于谢朓的诗，崇拜得很认真——我说过，李白什么事都很认真的。他在《新林浦阻风寄友人》诗中有：“明发新林浦，空吟谢朓诗。”这是因为谢朓有《之宣城出新林浦向板桥》：

> 江路西南永，归流东北骛。天际识归舟，云中辨江树。
> 旅思倦摇摇，孤游昔已屡。既欢怀禄情，复协沧州趣。
> 嚣嚣自兹隔，赏心于此遇。虽无玄豹姿，终隐南山雾。

他在《酬殷佐明见赠五云裘歌》中有：“我吟谢朓诗上

语，朔风飒飒吹飞雨。”这是因为谢朓有《观朝雨》：

朔风吹飞雨，萧条江上来。既洒百常观，复集九成台。
空蒙如薄雾，散漫似轻埃。平明振衣坐，重门犹未开。
耳目暂无扰，怀古信悠哉！戢翼希骧首，乘流畏曝鳃。
动悉无兼远，歧路多徘徊。方同战胜者，去翦北山莱。

其他如他在《游敬亭寄崔侍御》中有：“我家敬亭下，辄继谢公作。相去数百年，风期宛如昨。”这是因为谢朓有“交藤荒且蔓，樛枝耸复低”的《敬亭山》诗；他在《金陵城西楼月下吟》中有：“月下沉吟久不归，古来相接眼中稀。解道澄江净如练，令人长忆谢玄晖。”这是因为谢朓有“馀霞散成绮，澄江静如练”的《晚登三山还望京邑》诗。在李白以前的其他任何诗人，都没有像谢朓这样使他赞叹、激赏过！

李白对于谢朓，我疑惑不只是因为诗之故而纪念他的，恐怕与谢朓的遭遇也有关：

天上何所有，迢迢白玉绳。斜低建章阙，耿耿对金陵。
汉水旧如练，霜江夜清澄。长川泻落月，洲渚晓寒凝。

独酌板桥浦，古人谁可征？玄晖难再得，洒酒气填膺。

——《秋夜板桥浦泛月独酌怀谢朓》

从“洒酒气填膺”看，知道李白是为他的不幸的收场而抱不平的。我们知道，谢朓是生于公元四六四年，早于李白之生二百三十七年，他小时就好学，有美名，因为“逢昏属乱，先蹈祸机”（《南齐书》卷四十七《谢朓传》）。他下狱死的时候才三十六岁。他善草隶，长五言诗，沈约曾经常说：“二百年来，无此诗也！”

就谢朓的传上的话，说他“文章清丽”；《诗品》上则一方面说他“微伤细密”，一方面又说“奇章秀句，往往警遒”，前者大概是由于“丽”得过分之故，后者却就是“清”的注脚。李白对于谢朓的推崇处则也只在“清”而不在“丽”。李白一则说：“中间小谢又清发”，再则说：“诗传谢朓清”（《送储邕之武昌》）。语凡数见，说到谢朓诗的“丽”处，却几乎只字没有。谢朓是李白在文艺上最爱的一个人物，因此在我们诗人便只道其长，而不言其短了。

李白对于文艺的见解，是见之于他那《古风》的头一首，他说：“大雅久不作，吾衰竟谁陈”“正声何微茫，哀怨起骚人”。我们可以清清楚楚地知道他的见地是古典的。在同一首诗里他又说："自从建安来，绮丽不足珍。圣代复元古，垂衣贵清真。"便又知道他所提出来的标准即是"清真"。谢朓够这个标准，所以他推崇谢朓。

因为我们把"清真"两个字看得太惯了，不大理会它的特殊的意义。现在我要特别提醒的，乃是李白这一种文学观，是从他的道教思想一贯下来的。"清真"，在李白用，并不限于对诗，乃是指一种风度，所以他形容王右军时便有"右军本清真，萧洒在风尘"。而这一种风度，却又直接是道教人格的理想，所以他说："还家守清真，孤洁励秋蝉，炼丹费火石，采药穷山川。"（《留别广陵诸公》）

从萧洒、孤洁的字样看，我们可以把握"清真"的意义。"清"就是不浊，所以说萧洒；"真"就是不虚饰，不矫揉，这样当然不能随和流俗了，因此便又说孤洁。李白如何而有这样萧洒不浊的理想？这完全是因为李白有了"道"和"运"的观念后，所以自然觉得"一身自萧洒，万物何嚣喧"了的缘故。李白如何而有这样不虚饰、不矫揉、认真而不从流俗的理想？这就完全是因为李白由道教的"自然"观念出发，而爱淳朴，而以为现在"朴散不尚古，时讹皆失真"之故（参看本书第三章"道教思想之体系与李白"，我所谓道教的第一个根本概念和第三个根本概念）。在不经意之间，一个诗人的精神是多么有着体系性和统一性，现在我们可以看得出！

在谢朓的诗里，因为时代之故，“清”则有之，“真”却还没能充分地表现出来，李白的诗却就非常显然了，极其真。我常觉得李白的可爱，就在他“真”得不掩其矛盾，“真”得不掩其有棱角，一会儿是陶潜，一会儿是孔子，一会儿是谢安，一会儿是鲁仲连，又是神仙，又是说客，又是宰相，又是大将。不了解他的人，一定有莫名其妙之感了。

我现在再举他一首诗，以见他那像孩子样的纯真，或者天真吧：

> 小妓金陵歌楚声，家僮丹砂学凤鸣。
> 我亦为君饮清酒，君心不肯向人倾。
>
> ——《出妓金陵子呈卢六》

我想恐怕从来的诗人不会把内心对人的怨和不满写得这么露骨的。这真好像一个小孩子张着手向大人要糖而得不到的神情了！他也非常重视这种真，所以他说：“若使巢由桎梏于轩冕兮，亦奚异乎夔龙蹩躠于风尘？哭何苦而救楚？笑何夸而却秦？吾诚不能学二子沽名矫节以耀世兮，固将弃天地而遗身。

白鸥兮飞来，长与君兮相亲。”（《鸣皋歌送岑征君》）到了他一认真的时候，就是对他所喜欢的鲁仲连也奚落起来了！他一认真，便对于所热切追求的富贵，也撒手弃之了，因此也就无怪乎他事业上失败了——然而这是光荣的失败！

以上所说的“真”是从内容上说起的，表现在技巧上的“真”却便是“自然”。“自然”就正是不虚饰，不矫揉，朴实无华，一点人工斧凿痕不能有的光景。这在李白的诗中是做到的。“小时不识月，呼作白玉盘”（《古朗月行》），“郎今欲渡缘何事？如此风波不可行”（《横江词》），“南船正东风，北船来自缓。江上相逢借问君，语笑未了风吹断”（《寄韦南陵冰，余江上乘兴访之，遇寻颜尚书，笑有此赠》），“两人对酌山花开，一杯一杯复一杯。我醉欲眠卿且去，明朝有意抱琴来”（《山中与幽人对酌》），都自然到可惊的地步！这种自然，是超过了谢朓的。

不错，“清真”是李白对于诗所要求的一个标准；不错，李白以这个标准而选择了谢朓。但是李白自己的诗，却绝不能以“清真”尽之。李白诗的特色，还是在他的豪气，“黄河之水天上来”，这是再好也没有的对于他的诗的写照了！在一种不能包容的势派之下，他的诗一无形式！或者更恰当地说，正是康德（Kant）那意见，天才不是规律的奴隶，而是规律的主人（Das Genie ist Meister der Regelu und nicht ibr Sklave）。李白是充分表现出来了！他的才气随时可以看得出来："顿惊谢康乐，诗兴生我衣。襟前林壑敛暝色，袖上云霞收夕霏。"（《酬殷佐明见赠五云裘歌》）他的观察，随地有出奇独特处："秋浦锦鸵鸟，人间天上稀。山鸡羞绿水，不敢照毛衣。"（《秋浦歌》）

说到根本处，我们还得归到老话，所有这一切，只是由于生命力充溢之故，而这生命力，又经过道教的精神洗礼之故。因此，他毫无尘土气，他一空倚傍；在那精神的深处，光芒四射而出，万物经这光芒的照耀，跑到了他的笔端的，也便都有着剔透玲珑的空灵清新之感了！"我觉秋兴逸，谁云秋兴悲。"（《秋日鲁郡尧祠亭上宴别杜补阙范侍御》）这代表了李白一切的洒脱的风度！

凡是李白最成功的作品，例如那"西上莲花山，迢迢见明星……俯视洛阳川，茫茫走胡兵"的《古风》，"五花马，千金裘，呼儿将出换美酒，与尔同销万古愁"的《将进酒》，"清风朗月不用一钱买，玉山自倒非人推。舒州杓，力士铛，李白与尔同死生。襄王云雨今安在，江水东流猿夜声"的《襄阳歌》，"头陀云月多僧气，山水何曾称人意……我且为君捶碎黄鹤楼，君亦为我倒却鹦鹉洲"的《赠韦南陵》，“我本楚狂人，凤歌笑孔丘。……五岳寻仙不辞远，一生好入名山游”的《庐山谣》，“平生不下泪，于此泣无穷”的《江夏别宋之悌》，“仰天大笑出门去，我辈岂是蓬蒿人”的《南陵别儿童入京》，“抽刀断水水更流，举杯消愁愁更愁”的《宣州谢朓楼饯别》，“古人今人若流水，其看明月皆如此，唯愿当歌对酒时，月光长照金樽里”的《把酒问月》，“三杯通大道，一斗合自然”的《月下独酌》，这些统统有一个共同点，就是往往上下千古，令人读了，把精神扩张到极处。我们那时的精神乃是一匹快马一样，一会儿驰骋到西，一会儿驰骋到东，为李白的精神所引导着，每每跃跃欲试地要冲围而出了。其内容如此，所以在表现上，便似乎没有形式，没有规律了——却到底仍不如说他是真正主宰着形式与规律了的。

因李白生命力充溢之故，他所取材的歌咏的对象多半是雄大壮阔的：“浙江八月何如此，涛似连山喷雪来”（《横江词》），“墨池飞出北溟鱼，笔锋杀尽中山兔”（《草书歌行》），“日出东方隅，似从地底来……吾将囊括大块，浩然与溟涬同科”（《日出入行》）这种局势，可以说在中国四千年来的诗坛上少有第二人！

就文学史的意义上说，李白的出现，是一个大改革，所以李阳冰的《草堂集序》有：“至今朝诗体，尚有梁陈宫掖之风，至公大变，扫地并尽。今古文集，遏而不行，唯公文章，横被六合，可谓力敌造化欤！”不过我们的意思并不是以为李白是第一个改革者，我们却是以为李白是改革的完成者。在这种消息上，我们便可以明白韩愈对于李杜的称赞“李杜文章在，光焰万丈长。不知群儿愚，那用故谤伤。蚍蜉撼大树，可笑不自量”了，其根由正在于同是反对梁陈，李白者正是诗坛上的复古运动家韩愈呢！

李白在事业上想追踪鲁仲连，结果并没能如鲁仲连那样得意，但他在文学上称赞谢玄晖，造诣却超过了谢玄晖万万了！

第六章　李白：寂寞的超人

一　李白的情感生活

我们先说李白的情感生活。

据魏颢的《李翰林序》，李白“始娶于许，生一女，一男曰明月奴，女既嫁而卒；又合于刘，刘诀；次合于鲁一妇人，生子曰颇黎；终娶于宋”。——那么，李白是结了四次婚的。所谓娶于许，就是指在安陆为许相公妻以孙女的事，明月奴就是伯禽，那个女孩就是平阳，还有一个男孩则是天然。加上颇黎，李白一共是四个小孩，最年长的乃是平阳，明月奴次之。李白很爱这些小孩们。

我们知道李白抒情的作品，特别是写儿女之情的，往往不太出色，即像“玉阶生白露，夜久侵罗袜。却下水精帘，玲珑望秋月”（《玉阶怨》）那样的作品也很少很少。他所写的往往是很露骨的一类，例如：“相思相见知何日，此时此夜难为情”（《三五七言》），“何由一相见，灭烛解罗衣”（《寄远》）；他所对于异性的感觉都是很具体的，你看：

> 长干吴儿女，眉目艳星月。屐上足如霜，不著鸦头袜。
> 吴儿多白皙，好为荡舟剧。卖笑挣春心，折花调行客。
> 耶溪采莲女，见客棹歌回。笑入荷花去，佯羞不肯来。
> 镜湖水如月，耶溪女如雪。新妆荡新波，光景两奇绝。
>
> ——《越女词》

> 葡萄酒，金笸箩，吴姬十五细马驮。青黛画眉红锦靴，
> 道字不成娇唱歌。玳瑁筵中怀里醉，芙蓉帐底奈君何！
>
> ——《对酒》

不是眉毛怎么样，就是脚怎么样，穿得怎么样，总之，李白对于爱情是很感官的，是很物质的，用广泛的说法，就是宁是肉的，而不是灵的。往根本去看，这又是和他的道教思想有关。我说过，道教的第三个根本概念是自然，从自然的概念出发，遂发现了世界之物质的方面，从而对于人生也就有一种唯物的色彩，所以表现在别方面之现世主义、富贵主义者，在爱

情上也就是着重感官的、肉的了。

不过，李白有一个好处，就是真。因为真，虽所写的具体而不碍其具体，虽露骨而不碍其露骨，有时非常过分了，例如“相见不得亲，不如不相见”（《相逢行》），“千杯绿酒何辞醉，一面红妆恼杀人”（《赠段七娘》），甚而显得很急切了：“美人美兮归去来，莫作朝云飞阳台”（《寄远》），但这些都毫没有关系，我们也丝毫不觉得鄙近，也丝毫不觉得俗恶。这就是因为，过分与急切是李白的本色，写到本色，就是真，“真”便可以原谅了一切了。

可是相反的，李白却不善于写常情，他的许多寄内诗，都不佳。李白对于色情的观念，有时竟是卑视的，例如他说：“陈王徒作赋，神女岂同归？好色伤大雅，多如世所讥。”（《感兴》）在这些地方，他和李商隐实在相反，李商隐对于爱情的观念是灵的，这不必说了；李商隐写到夫妇的情感处，则甚精彩；李商隐对于性爱，也从来不卑视。

很奇怪的是，以李白那样漂泊而没有定性的人，一会儿从政了，学鲁仲连；一会儿隐退了，学神仙，但是他之父子的感情却很浓。他在诗中时常流露，例如“穆陵关北愁爱子”（《万愤词》），“爱子隔东鲁”（《赠武十七谔》）等等都是，更如：

我固侯门士，谬登圣主筵。一辞金华殿，蹭蹬长江边。
二子鲁门东，别来已经年。因君此中去，不觉泪如泉。

——《送杨燕之东鲁》

六月南风吹白沙，吴牛喘月气成霞。
水国郁蒸不可处，时炎道远无行车。
夫子如何涉江路，云帆袅袅金陵去。
高堂倚门望伯鱼，鲁中正是趋庭处。
我家寄在沙丘傍，三年不归空断肠。
君行既识伯禽子，应驾小车骑白羊。

——《送萧三十一之鲁中，兼问稚子伯禽》

楼东一株桃，枝叶拂青烟。此树我所种，别来向三年。
桃今与楼齐，我行尚未旋。娇女字平阳，折花倚桃边。
折花不见我，泪下如流泉。小儿名伯禽，与姊亦齐肩。
双行桃树下，抚背谁复怜？念此失次第，肝肠日忧煎。
裂素写远意，因之汶阳川。

——《寄东鲁二稚子》

他这方面的感情实在太浓烈了，“因君此中去，不觉泪如泉”。可知他平日的挂念为何如了，这还不过和他的爱子们才别了一年而已！至于“君行既识伯禽子，应驾小车骑白羊”“小儿名伯禽，与姊亦齐肩。双行桃树下，抚背谁复怜”，这便都是在别了他的爱子们三年以后写的了，那印象更是多么具体，字句更多么给人刺戟！没得到过家庭的温暖的诗人，但并没因此令他对于子女的慈爱有所欠缺。在一般目李白为狂人、为不近于人情的人，在这里要反省的吧。漂泊的李白，没有家的李白，狂歌度日的李白，他却是有着一颗多么与通常人逼近的、相通的心！

二　李白的友谊

李白对于友情，自然也很重视，他所歌咏的“若惜方寸心，待谁可倾倒？虞卿弃赵相，便与魏齐行。海上五百人，同日死田横”（《于五松山赠南陵常赞府》），便是他所向往的。不过他的交游，除了游侠与“神仙交”之外，在士大夫中而有真切的友情的却只是寥寥可数。他和杜甫的来往，我说过，是杜甫的关切于李白者多，李白关切于杜甫者少的。此外，恐怕只有孟浩然和贺知章了：

吾爱孟夫子，风流天下闻。红颜弃轩冕，白首卧松云。
醉月频中圣，迷花不事君。高山安可仰，徒此揖清芬。

——《赠孟浩然》

欲向江东去，定将谁举杯。稽山无贺老，却棹酒船回。

——《重忆》

只有他对这两人可算敬爱备至。

至于一般士大夫，我觉得远不如村夫俗子可以唤起他的感情，所以他有《赠汪伦》诗：

李白乘舟将欲行，忽闻岸上踏歌声。
桃花潭水深千尺，不及汪伦送我情。

汪伦就是安徽泾县桃花潭的一个村人，常款待李白的。他又有《哭宣城善酿纪叟》诗：

纪叟黄泉里，还应酿老春。
夜台无晓日，沽酒与何人？

纪叟当然也是一位“普洛”。在这两首诗中所流露的情感，却都极其深挚，极其浓厚。我想这乜是因为李白的性格和教养之故罢。因为性格的豪放，他便不爱和那些扭扭捏捏的士大夫来往；因为道教的教养，他便对于这些淳朴率直的人们特别合得来了。至于游侠和神仙交，说得幽默一点，则似乎有点职业的意味。所谓同行，自然另当别论。

以情感那样丰盛的诗人李白，对于友情的要求，大，当然很大，然而失望也就不免了，所以李白才有“多花必早落，桃李不如松。管鲍久已死，何人继其踪”（《箜篌谣》）的叹息，并且又有“《谷风》刺轻薄，交道方险巇。斗酒强然诺，寸心终自疑”（《古风》）的愤慨了。

三　了解李白之杜甫

不过，却终于是杜甫极了解李白。我们先看杜甫和李白的游踪、过从处：

> 李侯有佳句，往往似阴铿。余亦东蒙客，怜君如弟兄。
> 醉眠秋共被，携手日同行。更想幽期处，还寻北郭生。
> 入门高兴发，侍立小童清。落景闻寒杵，屯云对古城。

向来吟《橘颂》，谁欲讨莼羹？不愿论簪笏，悠悠沧海情。

——杜甫《与李十二白同寻范十隐居》

“醉眠秋共被，携手日同行”，可以见他们的亲密。杜甫又有《春日忆李白》诗：

白也诗无敌，飘然思不群。清新庾开府，俊逸鲍参军。

渭北春天树，江东日暮云。何时一尊酒，重与细论文？

这些时候都在公元七三七年左右，李白快四十岁了，杜甫不够三十，杜甫很赏识李白文学方面的天才，差不多他每首有关李白的诗里都提到。对于李白的性格，“飘然思不群”，自然也在羡慕着。

后来李白以四十二岁而得从政了，但是不久就又失败，杜甫这时便又有《寄李十二白二十韵》的诗，其中有“昔年有狂客，号尔谪仙人。笔落惊风雨，诗成泣鬼神。声名从此大，汩没一朝伸”的句子，这是说李白在长安和贺知章相识的事的，附带的却又提到了李白诗上的天才。其中又说：“乞归优诏许，遇我宿心亲。未负幽栖志，兼全宠辱身。”这便是得到退休，政治上失败的时候了。接着，“剧谈怜野逸，嗜酒见天真。醉舞梁园夜，行歌泗水滨。才高心不展，道屈善无邻”。这乃是李白失意后的情况，同时也见这时杜甫对于他之同情了。

本来就有神仙的向往的李白，经政治上的失败以后便更热心起来，同时他的豪气也不惟不灭，反而也更肆无忌惮起来，但是他内心里是焦急着、苦闷着，有一缕苦无主宰的悲感在。这时了解他的也便唯有杜甫。看见他“秋来相顾尚飘萍”了，知道他“未就丹砂愧葛洪”，在别人以为李白“痛饮狂歌”为热闹者，独独杜甫明白这是“空度日”，在别人所只见李白之乱蹦乱跳，自负自赞者，杜甫却独独明白李白的内心的深处却是空虚，所以说“飞扬跋扈为谁雄”了！范传正为李白作《唐左拾遗翰林学士李公新墓碑并序》中有：“脱屣轩冕，释羁缰锁，因肆情性，大放宇宙间。饮酒非嗜其酣乐，取其昏以自富。作诗非事于文律，取其吟以自适。好神仙，非慕其轻举，将不可求之事求之，欲托壮心，遗馀年也。”这了解也未尝不深刻，但却稍微过了些，我便觉得有点失真了，因为李白之好神仙实在是早年以来所抱有的一种志愿，说因政治上之失败，而更重理旧业则可，说这只是一种寄托就不合实际了。杜甫则不然，却以为李白政治上的失败之外，再加上神仙也没有成功，因此有“丹砂未就愧葛洪”之叹，双重的幻灭，笼罩着李白内心的苦闷，这恐怕是再对也没有了。

李白的情形却越发不好下去。到了晚年，又因为永王璘的事件几乎送了性命，终于遭了流放。李白是将近六十的老头儿了，杜甫也快半百，这时杜甫便有《不见》一诗，原注“近无李白消息”，那诗是：

> 不见李生久，佯狂真可哀。世人皆欲杀，吾意独怜才！
> 敏捷诗千首，飘零酒一杯。匡山读书处，头白好归来。

距李白之死约三四年。别人以李白的佯狂为不近人情，别人以李白的佯狂为可以取笑，杜甫却感触到那是很深的悲哀；在一群愚妄者无不觉得必得李白而后甘心时，知道爱惜这一位天才诗人的恐怕也就只有杜甫。

杜甫对李白时时不放心，那深挚的友情尤其表露在此际：

> 凉风起天末，君子意如何？鸿雁几时到？江湖秋水多。
> 文章憎命达，魑魅喜人过。应共冤魂语，投诗赠汨罗。
>
> ——《天末怀李白》

虽然不知道李白的生死，但是觉得恐怕消息不会好了，“文章憎命达”，说得哀愤极了！之外，则杜甫又作有《梦李白》：

> 死别已吞声，生别常恻恻。江南瘴疠地，逐客无消息。
> 故人入我梦，明我常相忆。恐非平生魂，路远不可测。
> 魂来枫叶青，魂返关塞黑。君今在罗网，何以有羽翼？
> 落月满屋梁，犹疑照颜色。水深波浪阔，无使蛟龙得！
>
> 浮云终日行，游子久不至。三夜频梦君，情亲见君意。
> 告归常局促，苦道来不易。江湖多风波，舟楫恐失坠。
> 出门搔白首，若负平生志。冠盖满京华，斯人独憔悴！
> 孰云网恢恢？将老身反累。千秋万岁名，寂寞身后事！

这就直然是两首挽歌了！诗里头真凄怆欲绝，现在不复是了解李白的问题了，乃是情感上的震悼受得了受不了的问题了！“魂来枫叶青，魂返关塞黑”，“落月满屋梁，犹疑照颜色”，“三夜频梦君，情亲见君意”，这是多么珍贵的友情，我想或者多少可以补偿我们诗人所受的轗轲了罢。“冠盖满京华，斯人独憔悴。孰云网恢恢，将老身反累”，这是李白一生的缩影。李白在文艺上的亘古不朽的成绩，杜甫也早早感觉到了，不过这热闹只在身后而不在眼前，眼前所有的却是寂寞和萧条！

四　李白之身后

这真是不可思议的事，李白常说“看取富贵眼前者，何用悠悠身后名”，李白常怕“名扬宇宙，而枯槁当年”，然而李白所有的却偏偏是他所没在意的！

是宝应元年（公元七六二年）十一月乙酉，李白死在当涂。当涂是他族叔李阳冰的所在。他是病死了的。在病榻上把许多没加整理的手稿交给了李阳冰。据李阳冰说：“自中原有事，公避地八年，当时著述，十丧其九，今所存者，皆得之他人焉。”所谓“避地八年”者正是自安禄山之乱（公元七五五年）算起，话说得颇含蓄，把李白参加永王璘的事，入狱的事，放逐夜郎的事，便都包括了。李阳冰对他推崇备至，称为“三代以来，《风》《骚》之后，驰驱屈宋，鞭挞扬马，千载独步，唯公一人”。

然而生气活泼、飞扬跋扈的李白，却终于逢到像一般人一样的平庸的归宿！在他死后四五十年，有宣歙池等州观察使范传正到当涂一带来。因为崇拜李白的缘故，便按着地图找到了李白的坟墓，他不让人去随便樵采，并且打扫干净。他又竭力访求李白的后人，求了三年，于是找到李白的两个孙女，这时都出阁了，一个嫁给陈云，一个嫁给刘劝，都是农人。范传正把那两个孙女招呼来的时候，看她们衣服也很村俗了，面目也很粗糙了，只是举动还安详些，范传正便问她们的景况，她们说："父伯禽以贞元八年不禄而卒，有兄一人，出游一十二年，不知所在。父存无官，父殁为民，有兄不相保，为天下之穷人。无桑以自蚕，非不知机杼；无田以自力，非不知稼穑。况妇人不任布裙，粝食何所仰给，俪于农夫，救死而已。久不敢闻于县官，惧辱祖考，乡闾逼迫，忍耻来告。"说罢便哭了。范传正当时听了也只有凄然。所说贞元八年是公元七九二年，距李白之死已三十年了，这位伯禽便是李白生前所惦记着的"应驾小车骑白羊"的爱子了。李白四个小孩，平阳出嫁就死了，天然和颇黎没有下文，所知者只有这位伯禽了。一代大诗人的下场如此，不是"寂寞身后事"是什么呢？

李白的两位孙女觉得他祖父是喜欢青山的，便请求范传正为她们帮忙，要把李白改葬。范传正立刻允许了，以元和十二年（公元八一七年）正月二十三日把李白改葬在旧坟六里以西的地方，北边就是青山，青山是谢朓曾筑屋幽居过的，所以又叫谢公山，在当涂县东南。李白一生所在文学造诣上顶服膺的人物是谢朓，所顶喜欢的地方就是青山，现在可以多少得到安慰了。

范传正觉得大诗人的孙女嫁给农夫不免有点辱没，于是便劝她们改嫁给士族，但是她们答道："夫妻之道，命也，亦分也。在孤穷，既失身于下俚；仗威力，乃求援于他们。生纵偷安，死何面目见大父于地下，欲败其类，所不忍闻。"因为这样便只好听从了她们，只是免了她们的赋税和徭役，也算是对她们先人的敬意。

五　李白和山东

因为要求仙访道和从政之故，李白的足迹在国内便非常普遍。倘若把他的生活分三期，以公元七〇一年到七四一年为第一期，这就是从他诞生到四十一岁，是他还没登政治舞台，过一种漂泊生活的时期，则在这一时期里，便有关系他非常之大的三个地域，这是蜀、安陆和齐鲁。蜀是他在儿童时所受教养的所在，安陆是他结婚和游说的所在，齐鲁是他求仙学剑的所在。李白第二期生活可以从七四二年到七五五年（包括他四十二到五十五岁），作一个段落的话，便是他登政治舞台，然而失意，然而终于又过着漫游的生涯的时代，对他意义重大的地域也有三个，这是长安、梁和金陵。长安是他做官和发挥酒兴的所在，梁是他交游最痛快的所在，金陵是他凭今吊古的所在。七五五年的安禄山之乱，划分了李白的末期生活，这就是从他五十五岁到他逝世（七六二年）的一段了，在这一时期里有他第二次政治上的失败，其生活更为愁惨，谁也不想他的晚年是结束在迁徙流亡中。这时期我认为重要的地域也有三个，这就是：浔阳、江夏和当涂。浔阳是他下狱的所在，江夏是他流亡被赦后盘桓的所在，当涂是他羡慕谢家山水，就死在谢家山水之旁的所在。倘若我们牢记得李白这三个时期，我们对于李白的一生就可以得到一个粗略的轮廓了，有这每一时期里的三个地域，则李白一生的足迹所至，也就不难统统记忆、补缀起来了。

在这许多地域中，我却要特别提出齐鲁，这是因为我见他特别说得亲切，关系他又特别大的缘故。在他第一期生活中吧，他到山东来学剑，曾经久住；第二期生活中他到齐来受道箓，而且因为家寓鲁中，虽然漫游，却常往来于齐鲁间；第三期他虽然不得到齐鲁来了，但他“穆陵关北愁爱子”，爱子还在山东，于是常常系在他的慈肠。

李白对于齐鲁，真是再熟悉没有了，他熟悉山东的酒：

兰陵美酒郁金香，玉碗盛来琥珀光。
但使主人能醉客，不知何处是他乡。

——《客中作》

兰陵就是山东峄县。这种酒大概常是他的好友，所以他又有《鲁中都东楼醉起作》：

昨日东楼醉，还应倒接篱。
阿谁扶上马，不省下楼时。

他当然就是喝的这种酒了。他又熟悉山东的鱼：

鲁酒若琥珀，汶鱼紫锦鳞。山东豪吏有俊气，手携此物赠远人。意气相倾两相顾，斗酒双鱼表情素。酒来我饮之，鱼作别离处。双鳃呀呷鳍鬣张，跋刺银盘欲飞去。呼儿拂机霜刃挥，红肥花落白雪霏。为君下箸一餐饱，醉看金鞍上马归。

——《酬中都小吏携斗酒双鱼于逆旅见赠》

他还熟悉山东人的生活，他知道：“五月梅始黄，蚕凋桑柘青。鲁人重织作，机杼鸣帘栊。”（《五月东鲁行答汶上翁》）他也熟悉山东的气候，他知道：“鲁国寒事早，初霜刈渚蒲。挥镰若转月，拂水生连珠。”（《鲁东门观刈蒲》）他更熟悉山东的风光，看他形容：“朝登大庭库，云物何苍然。莫办陈、郑火，空睹邹、鲁烟。”（《大庭库》）这也的确是中国北方的景色。

他到过华不注山（现在俗称华山），他有“昔我游齐都，登华不注峰。兹山何峻秀，绿翠如芙蓉”（《古风》）；他到过鹊山湖（现在的大明湖就是鹊山湖的一部分），他有“湖阔数千里，湖光摇碧山。湖西正有月，独送李膺还”。以及“水入北湖去，舟从南浦回。遥看鹊山转，却似送人来”（《陪从祖济南太守泛鹊山湖》）。只因为这地方是我从小就常玩的，所以读了便尤其感到活泼泼的兴致了。

我们还不要忘了，是在山东，李白和杜甫发生了深挚的友情，在集中有《送杜甫》和《寄杜甫》诗：

醉别复几日，登临遍池台。何言石门路，重有金樽开。
秋波落泗水，海色明徂徕。飞蓬各自远，且尽林中杯。

——《鲁郡东石门送杜二甫》

我来竟何事，高卧沙丘城。城边有古树，日夕连秋声。
鲁酒不可醉，齐歌空后情。思君若汶水，浩荡寄南征。
——《沙丘城下寄杜甫》

这都是在山东作的。好了，也不必多说了。在山东，有他的爱子，有他的知友。他爱游侠，在山东可以学剑术；他好神仙，在山东可以受符箓，著道书；他佩服鲁仲连，逢巧鲁仲连也正是齐人；况且这里有他熟悉的酒，爱吃的鱼，手种的桃树。说得更根本一点吧，李白在性格上的风流、豪爽、诚坦、率真，也很近乎山东人的性格，所以无怪乎杜甫诗中有“近来海内为长句，汝与山东李白好”（《苏端薛复筵简薛华碎歌》），元稹的文中有“是时山东人李白亦以奇文取誉”（《唐故检校工部员外郎杜君墓志铭》）了，甚而《旧唐书·李白传》也称李白为山东人，错当然是错了（这是因为有李白自己的文字证明之故，一般人之否认李白为山东人则有二说，一认为齐鲁称山东乃自元始，唐时之山东乃关东通称，二认为说李白为山东人乃是根据杜诗，而杜诗别本作东山。实则这二说却都不巩固，因为李白明明有“学剑来山东”之语，而山东便确乎指齐鲁，可知说唐诗中山东不指齐鲁是不可靠了；其次杜集纵错，何以元稹也错，难道也是东山印倒了吗？）然而不能不说是一个颇有意义的错！

六　李白的风度和勤学

在郑振铎著《插图本中国文学史》第二册，有李白的一幅画像，是采自南董殿所藏《圣贤画册》的，看样子，气度很轩昂，不过没有什么特别，大概不很逼真，倒不如日本松平直谅氏所收藏的南宋梁楷画的《李太白图》，虽然像一般的中国人物画一样，脑袋总是格外大，大到和全身不相称了，但是那眼光望着高处，胡须撅着，披着像布袋一样的衣服，却真是如《旧唐书》所谓“有逸才，志气宏放，飘然有出世之心”的神气。

从崔宗之赠李白的诗看起来，李白一定很善谈，所谓“玄谈又绝倒”，同时李白的眼睛一定很特别，因此又有“双眸光照人，词赋凌子虚”之语。

当时崇拜李白的就很多，其中有一人是魏颢（这人先名万，次名炎），他曾经跑了三千多里路，即为的是赶着访李白，最后他们相会于金陵。李白作有《送王屋山人魏万还王屋》，魏万也作有《金陵酬李翰林谪仙子》，这时已在李白政治上失意之后，受过道箓，久住过梁宋，大概五十多了。魏颢形容他“眸子炯然，哆如饿虎，或时束带，风流蕴藉，曾受道箓于齐，有青绮冠帔一副”。这可以同崔宗之的话相印证。魏颢也是很自负的人，也有狂名，与李白一见就相欢洽。李白曾经说魏颢以后一定有大名于天下，到那时候只不要忘了他和他的明月奴就好了，当时说得很当真，立刻“尽出其文，命颢为集”，说得魏颢也高兴极了，后来魏颢便曾说：“颢今登第，岂符言耶？”就是指有大名的话的。在上元末（公元七六一年），就是李白之死的前一年，魏颢把散失了的李白诗文又集起来，他把他们两人的赠诗放在卷首，算是纪念他们的友情。这应当是李太白最早的诗文集吧，当时魏颢未尝不希望“白未绝笔，吾其再刊”的，但是次年李白就死了。

正像大家以为李白“慷慨自负，不拘常调”，应该没有常人的情感了，然而他家人父子的情感却非常之浓，会使人惊讶一样，漂泊流徙的李白却也非常用功，这恐怕更出人意外。我的证据是，他在《送张秀才谒高中丞》诗序中有：“余时系浔阳狱中，正读《留侯传》。”可见他虽然被捕入狱了，都还在读书，则平时更可知了。又如他在《改九子山为九华山联句序》中则有：“青阳县南有九子山，山高数千丈，上有九峰如莲花。按图征名，无所依据。太史公南游，略而不书。事绝古老之口，文阙名贤之纪。”就更见出他不但用功，而且很仔细。再如他在《答族侄僧中孚赠玉泉仙人掌茶》诗序中也有“按仙经”如何如何的话，可知他关于道教的书也是常在手头。所以倘若说李白不像普通人读书那么死，则可；倘若说他不读书，就不对了。因此，只是自命不凡、不肯努力的人，并不能以李白为借口。

在裴敬作的《翰林学士李公墓碑》中曾说到“于历阳郡得翰林《与刘尊师书》一纸，思高笔逸”，这是李白的书法的一斑。

七　李白与一般诗人之共同点

李白虽然喜欢游侠，热衷从政，但他也像一般的诗人一样，反对战争。他说：“败马号鸣向天悲，鸟鸢啄人肠，衔飞上挂枯树枝，士卒涂草莽，将军空尔为。乃知兵者是凶器，圣人不得已而用之。”（《战城南》）

李白的自负，完全由于他真。普通人未尝不自负，不过不说出口来。“真”也是一般诗人的共同点。

他常记住别人的赞语，他在《冬日于龙门送从弟京兆参军令问之淮南觐省序》中有：“常醉目吾曰：‘兄心肝五脏，皆锦绣耶？不然何开口成文，挥翰雾散？’吾因抚掌大笑。”这在普通人也未尝不能遇到，遇到也未尝不能记在心上，但又是不敢像他这样直说的。

李白常在诗中忽然提起自己的名字来了，“李白与尔同死生”，这也是他的天真可爱处。

八　李白之痛苦

不过，在说过一切话之后，李白却还是一无所有：空虚和寂寞而已，渺茫和痛苦而已。

他自己的一切，是完全失败了，“我发已种种，所为竟无成！”（《留别西河刘少府》）

就根本处说，李白不能算矛盾，他有丰盛的生命力，他要执著于一切。但是就表现上说，就不能不算矛盾了，因为他要求得急切，便幻灭得迅速，结果我们看见他非常热衷，却又非常冷淡了。一会儿是“人生在世须尽欢”，一会儿是“人生在世不称意”；一会儿他以孔子自负“我志在删述”，一会儿他又最瞧不起孔子，“凤歌笑孔丘”，矛盾多么大！

李白的精神是现世的，但他的痛苦即在爱此现世而得不到此现世上，亦即在想保留此现世，而此现世终归于无常上。他刚说着：“百年三万六千日，一日须倾三百杯，遥看汉水鸭头绿，恰似葡萄初酸醅。此江若变作春酒，垒麹便筑糟丘台。千金骏马换少妾，笑坐雕鞍歌《落梅》。车旁侧挂一壶酒，凤笙龙管行相催。”（《襄阳歌》）说得多么高兴，然而马上感到“襄王云雨今安在，江水东流猿夜声”，虚无了！

“忽魂悸以魄动，恍惊起而长嗟。惟觉时之枕席，失向来之烟霞。世间行乐亦如此，古来万事东流水。”（《梦游天姥吟留别》）从来现世主义者必须遇到的悲哀就正是空虚。想到这地方便真要解放了，所以，接着是：“别君去兮何时还，且放白鹿青崖间，须行即骑访名山。安能摧眉折腰事权贵，使我不得开心颜！”又如他作的《古风》：“庄周梦胡蝶，胡蝶为庄周。一体更变易，万事良悠悠。乃知蓬莱水，复作清浅流。青门种瓜人，旧日东陵侯。富贵固如此，营营何所求。”和这意思是一模一样的。倘若想起“名利徒煎熬，安得闲余步”来，当然会有“抚己忽自笑，沉吟为谁故”的不知所以之感了。

从虚无就会归到命运上去，“良辰竟何许，大运有沦忽”，李白是有道教信仰的人，更容易想到个人的力量之小，大运的力量之大。由现世虚无而解脱固然是一种反应了，由现世虚无而更现世，也是一种反应，所以又有“人生达命岂假愁，且饮美酒登高楼”（《梁园吟》）的话。

然而人生既为命运所操持，倘若不然而能够操持命运，岂不更好么？符合了这种理想的，便是神仙。你看："容颜若飞电，时景如飘风。草绿霜已白，日西月复东。华鬓不耐秋，飘然成衰蓬。古来贤圣人，一一谁成功？君子变猿鹤，小人为沙虫。不及广成子，乘云驾轻鸿。"（《古风》）便恰恰说明了从受命运支配到要支配命运，因而学仙的心理过程。

但是我们却不要忘了，像李白这样人物的求仙学道，是因为太爱现世而然的，所以他们在离去人间之际，并不能忘了人间，也不能忘了不得志于人间的寂寞的。所以他虽然上了华山，"虚步蹑太清"了，但他并没忘了"俯视洛阳川，茫茫走胡兵。流血涂野草，豺狼尽冠缨"。

让我再重复地说吧，李白对于现世，是抱有极其热心的要参加，然而又有不得参加的痛苦的，他那寂寞的哀感实在太深了，尤其在他求仙学道时更表现出来。他曾经说："桃李何处开，此花非我春。唯应清都境，长与韩众亲。"他曾经说："太白何苍苍，星辰上森列。去天三百里，邈尔与世绝。中有绿发翁，披云卧松雪。不笑亦不语，宜栖在岩穴。……铭骨传其语，竦身已雷灭。仰望不可及，苍然五情热。吾将营丹砂，永与世人别。"我们大可以想象吧，这是一种什么况味！

然而，怎么样呢？神仙也未尝不仍是渺茫，也未尝不仍是虚无，所以在有一个时候，便连这一方面的幻灭也流露出来了。他说："石火无留光，还如世中人。即事已如梦，后来我谁身？提壶莫辞贫，取酒会四邻。仙人殊恍惚，未若醉中真。"那么，便只有酒了！酒者是糊里糊涂，一笔勾销罢了，那么，还能怎么样呢？就只有寂寞和虚无了！

同时，李白是深感到天才被压迫的痛苦的，"郢客吟《白雪》，遗响飞青天。徒劳歌此曲，举世谁为传。试为巴人唱，和者乃数千。吞声何足道，叹息空凄然"，"流俗多错误，岂知玉与珉"，这些现象更都与他的本怀相刺谬。他所愿意的是天之骄子，他愿意受特别优待，他希望得到别人特别敬重。可是呢，"奈何青云士，弃我如尘埃。珠玉买歌笑，糟糠养贤才。方知黄鹤举，千里独徘徊"，又是一种痛苦了。

他颇痛苦于没有真正同情者，没有真正合作者，"世人见我恒殊调，见余大言皆冷笑"，结果他反映在别人心目中当然是如他自己所说"白，嵚崎历落可笑人"了，这也就是李华所谓"嗟君之道，寄于人而侔于天，哀哉"（《故翰林学士李君墓志》）了。他之常想归隐，不也正因为不能和庸俗协调，所谓"松柏本孤直，难为桃李颜"么？

一般人越发看他相远了，越发不能理解他，因此不能亲近他，但是一般人却反而以为是他不近人情，甚而以为是他不愿意和人接近的，这真令我们诗人太委屈了。他已经很感慨于汉朝的严君平，“君平既弃世，世亦弃君平”。只是果然如此，也还公平，不过在李白却并不是如此，他其实是“我本不弃世，世人自弃我”（《送蔡山人》），可说所有李白的痛苦，都没有这一句话说得清楚的了！凡是诗人，无时不想用他自己的热情来浇灌人世，无时不想用他自己的坦诚来表白自己，然而人们偏偏报之以冷水，偏偏报之以掩耳不理！

我们总括了看，李白的痛苦是一种超人的痛苦，因为要特别，要优待，结果便没有群，没有人，只有寂寞的哀感而已了；李白的痛苦也是一种永久的痛苦，因为他要求的是现世，而现世绝不会让人牢牢地把握，这种痛苦是任何时代所不能脱却的，这种痛苦乃是应当先李白而存在，后李白而不灭的。正是李白所谓“与尔同销万古愁”，这愁是万古无已的了；同时李白的痛苦又是没法解脱的痛苦，这因为李白对于现世在骨子里是绝对肯定的。他不能像陶潜一样，否定一切，倘若否定一切，便可以归到“达观”了。他也不能像屈原的幻灭只是现世里理想的幻灭，但屈原却仍有一个理想没有幻灭，这就是他的理想人物彭咸，而且他也果如所愿地追求到了。李白却不然，他没有理想。名，他看透了，不要；他要的只有富贵，可是富贵很容易证明不可靠，那么，他要神仙，但是神仙也还是恍惚。那么，怎么办呢？没法办！在这一点上。他之需要酒，较陶潜尤为急切，那么就只有酒了，也就是只有勾销一切了！

根本看着现世不好的人，好办；在现世里要求不大的人好办；然而李白却都不然。在他，现世实在太好了，要求呢，又非大量不能满足；总之，他是太人间了，他的痛苦也便是人间的永久的痛苦！这痛苦是根深于生命力之中，为任何人所不能放过的。不过常人没有李白痛苦那样深，又因为李白也时时在和这种痛苦相抵抗之故（自然，李白是失败了的牺牲者），所以那常人的痛苦没到李白那样深的，却可以从李白某些抵抗的阶段中得到一点一滴的慰藉了！这就是一般人之喜欢李白处，虽然不一定意识到。

国家新闻出版广电总局

首届向全国推荐中华优秀传统文化普及图书

大家小书书目

国学救亡讲演录	章太炎 著 蒙 木 编
门外文谈	鲁 迅 著
经典常谈	朱自清 著
语言与文化	罗常培 著
习坎庸言校正	罗 庸 著 杜志勇 校注
鸭池十讲（增订本）	罗 庸 著 杜志勇 编订
古代汉语常识	王 力 著
国学概论新编	谭正璧 编著
文言尺牍入门	谭正璧 著
日用交谊尺牍	谭正璧 著
敦煌学概论	姜亮夫 著
训诂简论	陆宗达 著
金石丛话	施蛰存 著
常识	周有光 著 叶 芳 编
文言津逮	张中行 著
经学常谈	屈守元 著
国学讲演录	程应镠 著
英语学习	李赋宁 著
中国字典史略	刘叶秋 著
语文修养	刘叶秋 著
笔祸史谈丛	黄 裳 著
古典目录学浅说	来新夏 著
闲谈写对联	白化文 著
汉字知识	郭锡良 著
怎样使用标点符号（增订本）	苏培成 著
汉字构型学讲座	王 宁 著

诗境浅说	俞陛云　著
唐五代词境浅说	俞陛云　著
北宋词境浅说	俞陛云　著
南宋词境浅说	俞陛云　著
人间词话新注	王国维　著　滕咸惠　校注
苏辛词说	顾　随　著　陈　均　校
诗论	朱光潜　著
唐五代两宋词史稿	郑振铎　著
唐诗杂论	闻一多　著
诗词格律概要	王　力　著
唐宋词欣赏	夏承焘　著
槐屋古诗说	俞平伯　著
词学十讲	龙榆生　著
词曲概论	龙榆生　著
唐宋词格律	龙榆生　著
楚辞讲录	姜亮夫　著
读词偶记	詹安泰　著
中国古典诗歌讲稿	浦江清　著 浦汉明　彭书麟　整理
唐人绝句启蒙	李霁野　著
唐宋词启蒙	李霁野　著
唐诗研究	胡云翼　著
风诗心赏	萧涤非　著　萧光乾　萧海川　编
人民诗人杜甫	萧涤非　著　萧光乾　萧海川　编
唐宋词概说	吴世昌　著
宋词赏析	沈祖棻　著
唐人七绝诗浅释	沈祖棻　著
道教徒的诗人李白及其痛苦	李长之　著
英美现代诗谈	王佐良　著　董伯韬　编
闲坐说诗经	金性尧　著
陶渊明批评	萧望卿　著

古典诗文述略	吴小如　著
诗的魅力	
——郑敏谈外国诗歌	郑　敏　著
新诗与传统	郑　敏　著
一诗一世界	邵燕祥　著
舒芜说诗	舒　芜　著
名篇词例选说	叶嘉莹　著
汉魏六朝诗简说	王运熙　著　董伯韬　编
唐诗纵横谈	周勋初　著
楚辞讲座	汤炳正　著
	汤序波　汤文瑞　整理
好诗不厌百回读	袁行霈　著
山水有清音	
——古代山水田园诗鉴要	葛晓音　著
红楼梦考证	胡　适　著
《水浒传》考证	胡　适　著
《水浒传》与中国社会	萨孟武　著
《西游记》与中国古代政治	萨孟武　著
《红楼梦》与中国旧家庭	萨孟武　著
《金瓶梅》人物	孟　超　著　张光宇　绘
水泊梁山英雄谱	孟　超　著　张光宇　绘
水浒五论	聂绀弩　著
《三国演义》试论	董每戡　著
《红楼梦》的艺术生命	吴组缃　著　刘勇强　编
《红楼梦》探源	吴世昌　著
《西游记》漫话	林　庚　著
史诗《红楼梦》	何其芳　著
	王叔晖　图　蒙　木　编
细说红楼	周绍良　著
红楼小讲	周汝昌　著　周伦玲　整理

曹雪芹的故事	周汝昌　著　周伦玲　整理
古典小说漫稿	吴小如　著
三生石上旧精魂 ——中国古代小说与宗教	白化文　著
《金瓶梅》十二讲	宁宗一　著
中国古典小说十五讲	宁宗一　著
古体小说论要	程毅中　著
近体小说论要	程毅中　著
《聊斋志异》面面观	马振方　著
《儒林外史》简说	何满子　著
我的杂学	周作人　著　张丽华　编
写作常谈	叶圣陶　著
中国骈文概论	瞿兑之　著
谈修养	朱光潜　著
给青年的十二封信	朱光潜　著
论雅俗共赏	朱自清　著
文学概论讲义	老　舍　著
中国文学史导论	罗　庸　著　杜志勇　辑校
给少男少女	李霁野　著
古典文学略述	王季思　著　王兆凯　编
古典戏曲略说	王季思　著　王兆凯　编
鲁迅批判	李长之　著
唐代进士行卷与文学	程千帆　著
说八股	启　功　张中行　金克木　著
译余偶拾	杨宪益　著
文学漫识	杨宪益　著
三国谈心录	金性尧　著
夜阑话韩柳	金性尧　著
漫谈西方文学	李赋宁　著
历代笔记概述	刘叶秋　著

周作人概观	舒　芜　著
古代文学入门	王运熙　著　董伯韬　编
有琴一张	资中筠　著
中国文化与世界文化	乐黛云　著
新文学小讲	严家炎　著
回归，还是出发	高尔泰　著
文学的阅读	洪子诚　著
中国文学1949—1989	洪子诚　著
鲁迅作品细读	钱理群　著
中国戏曲	么书仪　著
元曲十题	么书仪　著
唐宋八大家 ——古代散文的典范	葛晓音　选译
辛亥革命亲历记	吴玉章　著
中国历史讲话	熊十力　著
中国史学入门	顾颉刚　著　何启君　整理
秦汉的方士与儒生	顾颉刚　著
三国史话	吕思勉　著
史学要论	李大钊　著
中国近代史	蒋廷黻　著
民族与古代中国史	傅斯年　著
五谷史话	万国鼎　著　徐定懿　编
民族文话	郑振铎　著
史料与史学	翦伯赞　著
秦汉史九讲	翦伯赞　著
唐代社会概略	黄现璠　著
清史简述	郑天挺　著
两汉社会生活概述	谢国桢　著
中国文化与中国的兵	雷海宗　著
元史讲座	韩儒林　著

魏晋南北朝史稿	贺昌群　著
汉唐精神	贺昌群　著
海上丝路与文化交流	常任侠　著
中国史纲	张荫麟　著
两宋史纲	张荫麟　著
北宋政治改革家王安石	邓广铭　著
从紫禁城到故宫——营建、艺术、史事	单士元　著
春秋史	童书业　著
明史简述	吴　晗　著
朱元璋传	吴　晗　著
明朝开国史	吴　晗　著
旧史新谈	吴　晗　著　习　之　编
史学遗产六讲	白寿彝　著
先秦思想讲话	杨向奎　著
司马迁之人格与风格	李长之　著
历史人物	郭沫若　著
屈原研究（增订本）	郭沫若　著
考古寻根记	苏秉琦　著
舆地勾稽六十年	谭其骧　著
魏晋南北朝隋唐史	唐长孺　著
秦汉史略	何兹全　著
魏晋南北朝史略	何兹全　著
司马迁	季镇淮　著
唐王朝的崛起与兴盛	汪　篯　著
南北朝史话	程应镠　著
二千年间	胡　绳　著
论三国人物	方诗铭　著
辽代史话	陈　述　著
考古发现与中西文化交流	宿　白　著
清史三百年	戴　逸　著

清史寻踪	戴　逸　著
走出中国近代史	章开沅　著
中国古代政治文明讲略	张传玺　著
艺术、神话与祭祀	张光直　著 刘　静　乌鲁木加甫　译
中国古代衣食住行	许嘉璐　著
辽夏金元小史	邱树森　著
中国古代史学十讲	瞿林东　著
历代官制概述	瞿宣颖　著
宾虹论画	黄宾虹　著
中国绘画史	陈师曾　著
和青年朋友谈书法	沈尹默　著
中国画法研究	吕凤子　著
桥梁史话	茅以升　著
中国戏剧史讲座	周贻白　著
中国戏剧简史	董每戡　著
西洋戏剧简史	董每戡　著
俞平伯说昆曲	俞平伯　著　陈　均　编
新建筑与流派	童　寯　著
论园	童　寯　著
拙匠随笔	梁思成　著　林　洙　编
中国建筑艺术	梁思成　著　林　洙　编
沈从文讲文物	沈从文　著　王　风　编
中国画的艺术	徐悲鸿　著　马小起　编
中国绘画史纲	傅抱石　著
龙坡谈艺	台静农　著
中国舞蹈史话	常任侠　著
中国美术史谈	常任侠　著
说书与戏曲	金受申　著
世界美术名作二十讲	傅　雷　著

中国画论体系及其批评	李长之　著
金石书画漫谈	启　功　著　赵仁珪　编
吞山怀谷 ——中国山水园林艺术	汪菊渊　著
故宫探微	朱家溍　著
中国古代音乐与舞蹈	阴法鲁　著　刘玉才　编
梓翁说园	陈从周　著
旧戏新谈	黄　裳　著
民间年画十讲	王树村　著　姜彦文　编
民间美术与民俗	王树村　著　姜彦文　编
长城史话	罗哲文　著
天工人巧 ——中国古园林六讲	罗哲文　著
现代建筑奠基人	罗小未　著
世界桥梁趣谈	唐寰澄　著
如何欣赏一座桥	唐寰澄　著
桥梁的故事	唐寰澄　著
园林的意境	周维权　著
万方安和 ——皇家园林的故事	周维权　著
乡土漫谈	陈志华　著
现代建筑的故事	吴焕加　著
中国古代建筑概说	傅熹年　著
简易哲学纲要	蔡元培　著
大学教育	蔡元培　著 北大元培学院　编
老子、孔子、墨子及其学派	梁启超　著
春秋战国思想史话	嵇文甫　著
晚明思想史论	嵇文甫　著
新人生论	冯友兰　著

中国哲学与未来世界哲学	冯友兰　著
谈美	朱光潜　著
谈美书简	朱光潜　著
中国古代心理学思想	潘　菽　著
新人生观	罗家伦　著
佛教基本知识	周叔迦　著
儒学述要	罗　庸　著　杜志勇　辑校
老子其人其书及其学派	詹剑峰　著
周易简要	李镜池　著　李铭建　编
希腊漫话	罗念生　著
佛教常识答问	赵朴初　著
维也纳学派哲学	洪　谦　著
大一统与儒家思想	杨向奎　著
孔子的故事	李长之　著
西洋哲学史	李长之　著
哲学讲话	艾思奇　著
中国文化六讲	何兹全　著
墨子与墨家	任继愈　著
中华慧命续千年	萧萐父　著
儒学十讲	汤一介　著
汉化佛教与佛寺	白化文　著
传统文化六讲	金开诚　著　金舒年　徐令缘　编
美是自由的象征	高尔泰　著
艺术的觉醒	高尔泰　著
中华文化片论	冯天瑜　著
儒者的智慧	郭齐勇　著
中国政治思想史	吕思勉　著
市政制度	张慰慈　著
政治学大纲	张慰慈　著
民俗与迷信	江绍原　著　陈泳超　整理

政治的学问	钱端升　著　钱元强　编
从古典经济学派到马克思	陈岱孙　著
乡土中国	费孝通　著
社会调查自白	费孝通　著
怎样做好律师	张思之　著　孙国栋　编
中西之交	陈乐民　著
律师与法治	江　平　著　孙国栋　编
中华法文化史镜鉴	张晋藩　著
新闻艺术（增订本）	徐铸成　著
经济学常识	吴敬琏　著　马国川　编
中国化学史稿	张子高　编著
中国机械工程发明史	刘仙洲　著
天道与人文	竺可桢　著　施爱东　编
中国医学史略	范行准　著
优选法与统筹法平话	华罗庚　著
数学知识竞赛五讲	华罗庚　著
中国历史上的科学发明（插图本）	钱伟长　著

出版说明

“大家小书”多是一代大家的经典著作，在还属于手抄的著述年代里，每个字都是经过作者精琢细磨之后所拣选的。为尊重作者写作习惯和遣词风格、尊重语言文字自身发展流变的规律，为读者提供一个可靠的版本，“大家小书”对于已经经典化的作品不进行现代汉语的规范化处理。

提请读者特别注意。

北京出版社